도시 광산에서
컴퓨터를 캡니다

중고 컴퓨터 시장의 판을 바꾸고 1등이 되기까지의 생존 전략과 성장 비법

도시 광산에서 컴퓨터를 캡니다

초판 1쇄 인쇄 2022년 9월 14일
초판 1쇄 발행 2022년 9월 21일

지은이 최병진

발행인 백유미 조영석
발행처 (주)라온아시아
주소 서울특별시 서초구 효령로34길 4, 프린스효령빌딩 5F

등록 2016년 7월 5일 제 2016-000141호
전화 070-7600-8230   **팩스** 070-4754-2473

값 18,000원
ISBN 979-11-92072-86-9 (03320)

라온북은 독자 여러분의 소중한 원고를 기다리고 있습니다. (raonbook@raonasia.co.kr)

중고 컴퓨터 시장의 판을 바꾸고
1등이 되기까지의 생존 전략과 성장 비법

Re
New
All

도시 광산에서
컴퓨터를 캡니다

최병진 지음

소년 가장,
리사이클 시장의 리더가 되다

2평이 안 되는 용산의 허름한 공간에서 사업을 시작해 연 매출 514억 원을 달성한 남자가 있다. 바로 무일푼, 무인력, 무기술로 시작해 중고 PC 유통 시장을 리드하기까지 생존 전략과 성장의 해법을 수없이 고뇌한 나의 이야기다.

소년 가장으로 할머니 밑에서 어렵게 큰 험난한 성장 스토리는 비단 보릿고개 시절 옛날 어른들만의 이야기가 아니다. 너무나 친숙한 나의 인생 이야기다. 그런 환경을 가슴 깊이 원망해본적은 한 번도 없다. 힘들다 불평했던 적도 없다. 그저 내 환경에서 할 수 있는 최선의 노력을 해왔을 뿐이다. 그래서 '시작은 미약하였으나 네 나중은 심히 창대하리라'라는 성경 구절은 내 마음에 가장 와닿는 부분이다.

가진 것 없었던 나의 무기는 성실과 노력이었다. 월급 40만 원중 30만 원을 적금해서 사업자금을 마련했다. 작지만 소중한 나만의 사업 공간을 얻었을 때의 기쁨은 말로 표현하기 어려웠다.

남들보다 먼저 오픈 준비를 하고, 주말도 마다하지 않고 주 7일을 일했다. 너무 많이 걸어서 양쪽 발바닥에 30개의 사마귀가 나는 바람에 발바닥을 딛기가 어려웠어도 일이 재미있었고, 내성발톱으로 발톱이 빠지는 지경에 이르렀어도 마음만은 힘든 줄을 몰랐다. 지금 생각하면 어떻게 그렇게까지 일을 할 수 있었는지 모르겠다. 내가 만든 작은 우주를 지켜내는 것, 가족과 회사와 직원들의 삶을 지켜내는 것, 내게 이것보다 소중한 것은 없었다.

어느 날 직원이 "사장님은 쉬는 날에 뭐하세요?"라고 물었다. 나는 "회사 생각"이라고 대답했다. 창업 초창기에는 경영 전략이라고 근사하게 말할 만한 게 없었다. 하루하루를 버텨내기 위해 그저 생각하고 또 생각했다. 내가 좋아하는 것, 내게 소중한 것들을 지켜내는 방법을 찾아가는 것이 사업이라는 생각이 들었다. 그리고 사업에 집중할수록 간절해지고 몰입할 힘이 생겼다.

사업의 인사이트는 하루아침에 만들어지지 않는다. 얼마나 많은 고뇌와 인내를 겪어냈느냐, 수많은 시간을 어떤 생각으로 보냈느냐에 따라 통찰력이 생기는 것이라고 생각한다. 언젠가 거래처 사장님이 내게 "돈의 흐름을 잘 짚어낸다"라는 말을 하셨다. 시장의 흐름을 파악하고 선택과 집중을 통해 빠른 실행에 옮기는 것이 내가 업계에서 리더가 될 수 있었던 비결일 것이다.

1990년대 이후로 용산은 PC 유통의 본산이었고 IT 기기의 성지, IT산업의 메카였다. 이러한 용산에 변화의 바람이 불 때 나는 과감하게 용산을 벗어나 물량의 대량화를 위해 물류 창고를 지었다. 이것은 온라인 시장으로 발빠르게 사업의 판을 옮길 수 있는 토대가 되었다.

중고 컴퓨터 쇼핑몰을 운영하는 사업장은 보통 10명 미만의 소상공인들이 많고, 판매 가격도 콘셉트도 비슷하다. 나는 나만의 브랜드를 갖는 것이 중요하겠다고 판단해 '되살리다(Re), 새것처럼(New), 모든 것을(All)'이라는 슬로건을 내건 중고 컴퓨터 '리뉴올PC'를 론칭했고 성공을 거뒀다.

당근마켓, 번개장터, 중고나라뿐만 아니라 이제는 개인간의 중고 거래가 활성화되었고 관련 산업 또한 크게 성장했다. 중고 컴퓨터라는 아이템은 사양산업 아니냐는 말을 듣지만 나는 처음부터 중고 컴퓨터를 활용한 재활용, 재사용은 환경적 가치 창출이 가능할 것이라고 생각했다. 자원을 순환시키고 리사이클 문화 조성에 앞장선다면 기업가치를 충분히 올릴 수 있다고 믿었다. 이제는 우리 직원 모두가 회사의 신념을 가슴에 새기고 가치있는 일을 한다는 자긍심으로 일한다.

사업은 사장 혼자만 잘하는 것으로는 성공할 수 없다. 직원들의 노력, 고객들의 신뢰, 거래처의 신뢰가 바탕이 되어야 한다. 이제는 함께하는 직원들의 복지에 신경 쓰고 그들의 소리를 듣고자 노력하고 있다. 직원이 행복해야 고객에게 친절이 전달되고, 만족한 고객이 자청해서 회사의 대변인이 되어주기도 한다. 리뉴올PC의 광고가 공개되고 유튜버들의 공격을 받았을 당시에, 앞장서서 우리를 보호해 주었던 사람들은 리뉴올PC를 먼저 구매해서 써보았던 고객들이었다.

거래처의 신뢰 또한 우리의 무기가 된 것은 '거래처도 남아야 서로 윈윈할 수 있다'라는 믿음 덕분이었던 것 같다. 비정한 비즈니스의 세계에서 많은 사람들이 가진 선입견과 달리, 정직함은 때론 상상할 수 없는 새로운 판을 만들어내기도 했다. 이마트, CJ, 롯데월드, 컴퓨존 등 많은 대기업들과 협업할 수 있었던 것은 정직을 무기로 한 우리 회사에 운이 따라준 일례라고 평가하고 싶다.

2020년의 코로나19는 모든 자영업자에게 위기감을 고조시켰고 이제는 실물경제에서의 위기로 번져가고 있다. 사업을 하고 있는 많은 사람들은 그 어느 해보다 힘든 시기를 보내고 있다. 이 시대의 많은 사장들은 어떻게 살아남을지 밤잠을 못 자고 고민한다. 나 또한 살아남기 위해 오늘도 우리 회사의 다음 판을 생각하고 또 생각한다. 우리 회사가 그리는 내일의 미래는 지구와 사람이 함께 살아갈 환경친화적인 기업이 되고자 노력하는 것이다. 그리고 정보화 시대에 IT 사각지대에서 소외된 사람들을 보듬고자 기부를 실천하는 선한 기업이 되고자 한다.

책을 쓰기 전에는 '나보다 훌륭한 사장님들과 근사한 회사들에 비하면 내 이야기는 초라한 것이 아닌가' 하는 생각에 망설임이 있었다. 그러나 라온북 조영석 소장님의 격려와 최소영 실장님의 조언으로 나의 이야기도 책이 되는 것이 가능해지는 도전을 할 수 있었다. 내 이야기가 책이 되는 두근거림은 기분 좋은 경험이었다.

사업하면서 노력했던 과정들, 월드와이드메모리만의 시스템을 만들어간 시간들을 책에서 말하고 싶었다. 그간의 일들을 정리하는 시간을 갖고 되돌아보니 지금의 나를 만들어준 것들이 무엇이었는지 생각해볼 수 있었다. 흔들리지 않는 신념, 꾸준함과 성실함, 끊임없는 도전, 실행력, 간절함이 쌓인 결과가 그것이었다.

또한 사랑하는 두 딸과 가족, 회사의 든든한 지원군이 되어주는 장성대 대표와 신동혁 이사, 함께해 주는 직원들이 있었기에 월드와이드메모리가 지금의 모습을 갖출 수 있었다. 특히 아내는 부족한 나를 성장시키는 조력자이자, 이제는 비즈니스 파트너 역할까지 해주는 현명한 사람이다. 가진 것 없는 나의 모습이지만 있는 그대로를 믿어주고 지지해준 아내에게 감사함을 전하고 싶다.

　나는 아직도 더 나은 회사를 만들기 위한 고민으로 지내지만 친환경 리사이클 시장에 확신을 더욱 갖게 되었기에 정체성을 유지하며 나아가려고 한다. 우리 회사를 믿고 제휴를 맺은 전국의 사장님들과 거래처 사장님들, 살아남기 위해, 성공하기 위해 무엇을 해야 할지 고민하는 중소기업 사장님들, 새로운 사업을 준비하는 예비 창업자들과 함께하는 책이 되기를 희망한다. 내가 힘들 때 위로가 되고 용기를 주었던 책들처럼 누군가에게는 월드와이드메모리의 이야기가 희망이 될 수 있기를 바란다.

최병진

차 례

리사이클로 지속 가능한 세상 만들기

1장

2평짜리 계단 밑 창업에서
매출 500억 원 벤처기업으로

2장

리뉴올PC는 중고 컴퓨터인데 AS까지 돼요?

3장

판을 키우면 해결책이 보인다

4장

세상을 읽는 안목,
우리가 만들려는 세상

5장

Re
New
All

리사이클로
지속 가능한
세상 만들기

중고 IT 기기에
새로운 가치를
부여하다

"나도 컴퓨터 장사 해봤는데 중고 컴퓨터로 브랜딩할 생각은 꿈에도 못 해봤다." 신용보증기금에서 시상하는 최우수기업상을 받은 후 앱코(전 앱솔루트코리아) 회장님이 함께 식사하던 자리에서 하셨던 말씀이다.

앱코는 컴퓨터 부품(신품)과 주변기기의 제조, 도소매, 무역을 하는 회사로, 2020년 12월 코스닥에 상장되었다. 60대의 회장님은 나처럼 용산에서 장사를 하던 이력이 있는 분이다.

같은 컴퓨터 부품을 다루지만 신품을 다루는 앱코와 달리, 나는 중고 컴퓨터와 IT 기기를 매입해 재제조, 유통을 하는 '월드와이드메모리'라는 회사를 경영하고 있다. '되살리다(Re) 새것처럼 (New) 모든 것을(All)'이라는 슬로건을 내걸고 있는 '리뷰올PC'는 꽤 많이 알려져 있는 편이다. 배우 이시언을 모델로 CF를 제작해 유튜브에 방송한 이후로(2022년 4월 현재 764만 뷰가 넘었다), 고품질의 가성비 좋은 PC를 제작하는 컴퓨터 쇼핑몰로 알려져 많은 소비자들이 이용하고 있다.

코로나19 팬데믹이 장기화되면서 많은 중소기업들이 어려움을 겪었지만, 불행 중 다행인지 우리 회사는 코로나19 특수를 누렸다. 2022년 누적 매출은 100만 대를 돌파했다. 직장인들의 재택근무와 학생들의 온라인 수업 덕분이었다.

'리뉴올PC'라는 브랜드가 점점 알려지기 시작하니까 외부에서 주는 상장을 받을 기회가 늘었다. 일자리 창출 유공 대통령 표창(고용노동부), 청년친화강소기업(고용노동부), 모범중소기업인상(2019년 중소벤처기업부 장관상), 한국소비자만족지수 1위(2019년, 2020년), 한국품질만족도 1위(2020년), 기술평가우수인증기업(금융평가기관 2020년) 등을 수상했다.

🖳 중고 PC 3년 동안 AS 해드립니다

중고 컴퓨터인 리뉴올PC를 브랜딩하는 과정에는 이런저런 우여곡절이 있었다. 유튜브 영상을 자체 제작해 올리기도 했는데, 게이머들에게 '오버워치 여신'으로 불리는 강민지 아나운서를 섭외해 영상을 만들기도 했다. 콘텐츠는 소비자들이 자주 물어보는 질문들 위주로 제작했는데, 비록 간단한 것이라고 해도 잘 몰라서 어려움을 느끼는 소비자들을 돕기 위해 따로 영상을 만들었다. 정품 윈도10을 컴퓨터에 설치하는 방법이나 파워, 모니터, 마우스, 키보드 케이블 선을 컴퓨터에 연결하는 방법 등이다.

게이밍PC를 출시하자 "배그(PUBG: 배틀그라운드) 하려면 어떤 컴퓨터를 사야 해요?", "저는 롤(LOL, 리그 오브 레전드)만 할 건데요" 같은 질문도 많았다. 리뉴올PC로 게임이 어디까지 가능한지 물어보는 경우가 늘어나자 직접 플레이하는 영상을 제작하기도 했다. 일일이 상세 답변을 하는 것보다 유튜브 영상을 올려놓고 그것을 보도록 안내하니까 훨씬 효율적인 방법이 되었다.

소비자들이 리뉴올PC를 안심하고 구매하는 데는 '3년 AS'라는 홍보 포인트가 큰 역할을 했다고 생각한다. 기존 업체들에서는 3개월 AS를 하고 있었는데, 그에 비하면 3년 AS(1년 무상, 2년 유상)는 확실한 차별화가 되었다. 혹시라도 중고 컴퓨터를 구매했는데 문제가 있을 때 본사로 컴퓨터를 보내주면 테스트를 하고 보정해서 돌려보내고 있다. 다만 소비자가 직접 무거운 걸 택배로 보내는 데 어려움이 있고 시간이 걸린다면, 전국적으로 출장 AS가 가능하도록 전문 업체와 제휴해서 서비스하고 있다.

전에는 중고 컴퓨터의 성능을 의심하는 시선이 있었다. 그래서 우리를 잘 모르는 사람들에게 알려야겠다는 목표를 가지고 박람회나 각종 행사에 열심히 참여했다. 한번은 연세대학교에서 진행한 E-sports 게임대전에 참가할 기회가 있었는데, '중고 컴퓨터로 게임을 이만큼 잘할 수 있다'라는 걸 보여주고 싶어서 학생들이 관람하는 자리에서 직접 플레이어들이 리뉴올PC로 게임하는 자리를 배치했다. 이때 학생들 반응이 아주 좋았다. 경품을 받기 위한 것도 있었겠지만 학생들은 늦게까지 잔디밭에 앉아서 구경했다. "이렇게 싸? 나도 살래", "나도 나도" 하는 현장의 뜨거운 반응을 목격하고 사람들에게 더 알려야겠다는 생각을 했다.

양재동 aT센터에서 열린 '서울 1인방송 미디어쇼'라는 박람회에도 참여했다. 촬영 카메라, 장비들을 전시하는 박람회였는데, 우리는 '유튜브PC' 콘셉트로 참여했다. 유튜버들이 영상 편집을 하고 개인 방송을 하기에 적합한 전용 PC를 구성해서 가지고 간 것이다. 우리 회사 부스는 사람들이 북적북적한 곳들 중 하나였는데, 다른 곳은 물품만 놔두고 있는 반면에 우리는 전시한 PC를 직접 플레이 해보도록 구성해놓았다. 게임을 해서 몇 점 이상이면 상품을 주기도 했다.

붐비는 모습이 눈에 띄어서 그랬는지 현장 관계자들이 눈여겨봤고 얼마 뒤 '인천국제 1인미디어 페스티벌'에 참여해 달라는 초청을 받았다. 여기서도 그래픽카드 사양이 좋고 방송 송출, 영상 편집이 가능한 프리미엄PC로 라인업을 해서 참여했다. 공략해야 할 타깃층을 정해서 준비해간 것이다. 이런 행사들은 중고 컴퓨터의 이미지를 뛰어넘는 좋은 기회가 되어주었다.

브랜딩이 잘 되고 난 후 가장 큰 혜택은 회사 내 직원들에게 브랜드에 대한 인식이 생긴 것이다. 직원들이 SNS 프로필을 '리뉴올PC'로 바꾸는 걸 보고 나는 이만하면 성공이라고 생각하게 되었다. 우리가 뭘 하는지도 모르던 직원들이 많았는데 '리뉴올

PC가 우리 회사 브랜드다'라고 적극적으로 말하고 다니는 걸 보니 브랜딩이 잘 되고 있다는 걸 더욱 실감할 수 있었다.

💾 컴퓨터가 사양산업이 맞아?

한동안 "컴퓨터는 이제 사양산업"이라고 말하는 사람이 많았다. 스마트폰, 태블릿PC 등 모바일 기기로 다들 옮겨가고 있지 않냐는 것이다. 최근에는 자율주행차를 모바일 기기로 포함하기도 한다.

상황이 바뀌고 있다는 말이 당연히 틀린 건 아니다. 그런데 내가 보기에 모바일 기기가 퍼지는 동안 컴퓨터는 이전보다 더 많이 팔리고, 더 많이 쓰이고 있다. 기업이나 관공서에서 1인 1PC를 쓰고 있는 건 당연하고, 가정에서도 점점 같은 모양새가 되고 있다. 게다가 모니터 같은 건 두 개씩 듀얼모니터로 많이 쓴다. 리뉴올PC에서도 가성비 좋은 10만 원 전후의 모니터들이 잘 팔린다. 신품 모니터가 비싸서 그렇기도 하지만 중고 컴퓨터를 구매하면 가격 부담이 적어지기 때문에 듀얼 모니터로 주문하는 분들이 많다.

나에게 컴퓨터가 사양산업으로 느껴지지 않는 것은 리사이클 시장이 워낙 산업화가 잘 되어 있기 때문이다. 다들 알다시피 컴퓨터 부품은 처음에 신품으로 나갈 때는 비싸지만 몇 년 후 중고로 나오면 저렴해진다. 중고 컴퓨터 부품은 파손된 경우도 있고 작동이 안 되는 경우도 있는데, 그것들도 모두 재활용이 가능하다. 리사이클 시장의 유통 구조에서는 쓸모없는 것이 없다. 작동이 되든 안 되든 그런 건 상관이 없다.

중고 컴퓨터는 일정 분량만 확보된다면 모두 보물이 된다. 그래서 우리들 눈에는 도시 전체가 광산이다. 캐내서 반짝거리게 만들 수 있는 사람이 부가가치를 가진다. 우선 몇 가지 부품만 바꿔주면 잘 작동하는 것들도 많다. 수거하는 인건비가 들긴 하겠지만 옛날 사양이라도 일정량이 쌓이면 수출도 할 수 있다. 다른 나라에서는 교육 현장에서 아주 유용하게 쓰인다.

작동이 안 되는 부품이라고 해서 재활용이 안 되는 것이 아니다. 우리 회사가 직접 하는 작업은 아니지만 금도 빼고 희토류도 빼고 나머지는 녹여서라도 다 써먹는다. 작동 안 되는 부품을 우리 회사에서 모아놓으면 그걸 또 왕창 가져가는 업체들이 있다. 산업화된 리사이클 시장의 공급망은 잘 돌아가고 있다.

옛날 일반 가정집에는 TV, 냉장고, 밥솥 정도의 가전제품이 전부였지만 지금의 가정집에는 컴퓨터, 노트북 외에도 청소기, 전자레인지, 안마기 등 수많은 가전이 있다. 또 회사 내에서도 그런 것들을 사용한다. 중고 컴퓨터, 중고 가전은 주기적으로 쏟아져 나온다. 그래서 나에게 컴퓨터는 사양산업이 아니다. 리뉴올PC는 그저 고장 나지 않은 부품들을 모아서 조립한 제품이 아니라 부품을 바꾸고 새것처럼 되살려 재제조(Remanufacturing)한 컴퓨터다.

중고 PC가 아니라 '리뉴올PC'입니다

컴퓨터 부품은 하나만 계속해서 팔리는 것이 아니라 계속해서 신제품이 나오기 때문에 변화의 속도가 정말 빠르다. 이것은 20년 전에도 그랬고 지금도 그렇다.

내가 처음 일을 시작할 무렵인 1999년에는 메모리 용량이 16MB가 대세였고 32MB, 64MB를 쓰기 시작할 때였지만, 어느 순간 바로 256MB로 바뀌었다. 이전의 것은 단종되고 용량은 계속 늘어났다.

황창규 전 KT 회장은 2002년 삼성전자 반도체총괄 사장이었는데, 이때 '황의 법칙'이라는 걸 발표했다. 황의 법칙은 2002년 2월 샌프란시스코에서 열렸던 ISSCC(국제반도체회로 학술회의)에서 발표한 '메모리 신성장론'에 있는 내용인데, 반도체 메모리 용량이 1년마다 두 배씩 증가한다는 이론이었다. 실제로 삼성전자는

1999년 256MB 낸드플래시메모리를 개발한 이래 2007년까지 매년 두 배의 용량을 개발해냈다. 컴퓨터 메모리의 용량(RAM)은 2022년 4월 현재 32GB까지 나와 있다.

우리가 사는 대한민국의 국민들은 변화에 민감하고 얼리 어답터(Early Adapter)가 많아서 컴퓨터든 노트북이든 스마트폰이든 신제품이 나왔을 때 새로운 버전으로 빠르게 갈아타는 사람들이 많다. 한국인들은 트렌드를 잘 따르고 금방 새로운 걸 바꾸니까 중고 컴퓨터는 한국에서 잘 안 팔리지 않을까 생각하기 쉽다. 과연 그럴까?

시선을 조금 확장해서 자동차의 구매 패턴을 들여다보면 대중교통의 발달과 상관없이 대한민국은 1가구 1차량이 보편화되었고, 세컨드 카가 있는 경우도 많다. 또 차를 자주 바꾸는데, 미국이나 유럽에서는 차를 한번 구매하면 10년 이상 타는 것과 대조적이다. 한국에서 도로에 다니는 차들은 대부분 자동 기어인데 반해 유럽의 차들은 아직까지도 수동 기어가 많다. 2016년 유럽에서 팔린 현대차의 80.6%가 수동 기어였다고 한다.

그렇다면 새로운 버전을 좋아하는 한국에서는 중고차가 잘 안 팔릴까? 그렇지는 않다. 오히려 신차 공급이 난항을 겪으면 사람들이 중고차로 눈을 돌리기 때문에 중고차 가격이 올라가기도 한다.

컴퓨터도 마찬가지다. 새로운 걸 금세 바꾸는 사람이 많다는 건 국내 시장에서 중고 컴퓨터도 역시 그만큼 고사양의 물건들이 많이 나온다는 뜻이 된다. 따라서 중고 제품의 퀄리티도 그만큼 높을 수밖에 없는 환경인 것이다.

▣ 써본 사람들은 편견이 없다

양재동 aT센터에서 열린 '서울 1인방송 미디어쇼'에 참여했을 때였다. 박람회 부스로 어떤 사람이 찾아왔는데 이런 말을 했다. "제가 리뉴올PC를 구매해서 쓰고 있는데요. 어떤 회사인지 궁금해서 와봤어요. 집이 여기서 가깝거든요." 그녀는 1인 유튜버 방송을 하고 있다면서 자신의 채널을 보여주었다.

박람회 부스에는 다양하게 체험할 수 있는 걸 만들어놨는데, 그녀는 게임에도 참여하고 상품도 받아갔다. 이후에 자신의 SNS에 잘 쓰고 있노라며 구매 후기를 올린 걸 봤는데, '인천국제 1인미디어 페스티벌'에 또 방문해주었다. "이번에는 집도 먼데 오셨군요"라고 말하며 아는 체를 했더니 "홍보해주려고 또 왔어요"라고 답했다. 일부러 찾아와준 것이 참 고마웠다.

우리가 참여했던 박람회에서 리뉴올PC 구매자를 만난 경우는 또 있었다. 영화를 소개해 주는 채널의 유튜버가 있었다. 리뉴올PC를 사서 쓰고 있는데 그도 1인 유튜버를 하니까 궁금해서 왔다고 했다. 2019년에 박람회에서 인사하면서 자신의 채널을 설명해줄 때만 해도 구독자가 많지는 않았는데, 2022년 들어서 보니까 구독자가 11만 명을 넘겼다. 나중에 연락이 돼서 이벤트 프로모션을 의뢰했는데 대가 없이 하겠다고 했다. 10만 이상 구독자 정도 되면 프로모션 비용을 받을 텐데 왜 무보수로 하냐고 했더니, 예전부터 알던 곳이라 받고 싶지 않다고 했다. 고마운 마음을 표현하고 싶다고 했더니 키보드 정도면 된다고 해서 선물한 적이 있다.

우리 회사에서 개인 소비자들을 대상으로 온라인 판매를 시작한 것은 2015년부터였지만, 리뉴올PC라는 이름으로 브랜딩을 시작한 건 2019년부터였다. 가성비 좋은 중고 컴퓨터라는 리뉴올PC의 장점을 잘 이해하고 있는 분들에게 좋은 평가를 받고 있지만, 처음에는 오해와 편견을 가진 사람들도 있었다. 혹사당하던 컴퓨터의 부품을 가지고 재사용하는 것 아니냐는 것이었다. 한동안 논란에 대해 소비자들이 서로 갑론을박하는 모습도 보였다. 그러다가 결국 결론은 이랬다. "개인에게 중고 컴퓨터를 사면 AS가 안 된다. 문제가 생겼을 때 아무도 책임져주지 않는다. 컴퓨터를 잘 모르는 소비자 입장에서는 가성비 좋은 컴퓨터가 필요하면 리뉴올PC를 사면 해결된다. 여기는 사후관리를 계속 해주니까 이게 더 이익이다."

홈페이지나 SNS 댓글 의견들을 보면 "윈도 정품만 깔아도 15만~20만 원이 든다. 뭐가 안 좋다는 거냐", "AS 3년이면 고등학교 때 구입해도 성인 될 때까지 AS 받는다" 등의 의견들이 달렸다. "이렇게까지 포장을 해서 보내나요? 좀 놀랐어요" 같은 의견도 댓글에 많이 달렸다. 패키지도 신경 쓰지만 리뉴올PC는 포장을 굉장히 꼼꼼하게 해서 보낸다.

제품을 출고할 때 리뉴올PC를 브랜딩하기 전에는 무지박스 같은 것에 포장하곤 했다. 그러나 이제는 주황색의 예쁜 포장 패키지를 사용한다. 소비자들이 제품을 받아들었을 때 중고품을 받는다는 인식이 들지 않고 신상품을 받는 것 같은 기분 좋은 느낌을 줄 수 있게 되었다. 그 덕에 인식이 조금씩 변화한 것 같다. 결정적으로 3년 AS와 윈도10 정품 제공이라는 점이 인식을 바꾸는 데 제 역할을 한 것으로 예상된다.

리뉴올PC에서 3년 AS(1년 무상, 2년 유상)를 시작한 이후로 중고 컴퓨터에 대한 업계 동향도 바뀌었다. 그전에는 AS를 해도 3개월 이상을 보장하지 않았다. 과거의 경험담을 들려주었던 분들 중에는 "멀쩡해 보였는데 집에 가니까 안 켜지더라고요", "가져오기 전에 시연할 때는 괜찮았는데 집에 와서 켰는데 꺼져버렸어요" 같은 개인 거래 체험을 들려주는 경우도 있었다.

초창기 중고 직거래 시장이 생성될 시기에는 개인간의 거래에서 입금을 하고 나서 택배가 왔는데 제품이 들어 있는 것이 아니라 돌맹이가 들어 있었다는 식의 이야기가 많았다. 그런데 요즘은 그런 게 거의 없어졌다. 그만큼 시대가 변했고 더불어 중고 제품에 대한 이미지도 좋아졌다.

온라인 중고 컴퓨터 쇼핑몰인 리뉴올PC도 인신공격성 댓글이 달려 있을 때는 직원들도 나노 스트레스를 많이 받았다. "그렇게 돈 벌어서 자식들 키우니까 좋냐", "사기꾼이네" 같은 댓글들을 보면 마음이 좋지 않았다. 그래도 댓글 중에는 "광고는 재 있네", "이건 마케팅의 힘이야" 등의 글도 있어서 '그래도 우리가 일은 잘하고 있구나'라고 위안 삼을 수 있었다. 중고 컴퓨터 업계 에서는 대대적인 광고 캠페인을 벌인 전례가 없었기 때문에 신 선한 충격이었던 모양이다.

2020년에 이마트 일렉트로마트에 입점하고 나서는 리뉴올 PC에 대한 신뢰도가 더 높아졌다. 사람들이 '대형 마트에서 아 무 곳이나 입점시켰을까?'라고 생각하기 시작했고 믿을 만한 곳 이라는 인식이 생겨난 것이다.

🖥 리뉴올PC는 어떤 단계를 거쳐 출시될까

거대한 컴퓨터 시장 안에서 우리 회사는 리사이클 시장에 집 중하고 있다. 커다란 컴퓨터 시장에서 물론 신제품들이 더 많이 팔리고 있지만, 이런 신제품들도 몇 년 지난 후에는 재탄생되어 유통될 수 있다. 때로는 국내 시장에서, 때로는 해외 시장에 팔 려 다시 쓰인다.

리뉴올PC는 기본적으로 조립 PC와 유사한 제조 과정을 거친 다. 컴퓨터를 사용하는 고객의 니즈에 따라 다양한 맞춤형이 가 능하다. 노트북을 살 때 8GB 메모리를 두 개 꽂아서 16GB처럼 쓰거나, 16GB 두 개를 꽂아서 32GB처럼 쓰는 경우가 있다. 그 처럼 중고 조립 PC는 기본형으로 나온 컴퓨터에 업그레이드해서 쓰는 것도 가능하다.

컴퓨터로 주로 게임을 하는 사람이라든가 디자인 업무를 하는 사람이라면 무조건 최고 사양으로 나온 신제품을 골라서 사고 싶은 마음도 있을 것이다. 그렇지만 게이밍PC를 원하는 경우에도 배틀그라운드를 하는 사람인지, LOL를 하는 사람인지에 따라서 권장하는 사양이 달라진다.

그래픽카드를 좋은 걸 써야 하는지, 메모리 용량이 큰 걸 써야 하는지 파악해서 최소 필요 조건을 충족하는 것으로 선택한다면 현명한 소비를 할 수 있다. 만약 게임 같은 걸 안 하고 사무용으로 쓸 목적이라면 3, 4년 전에 나온 중고 부품으로 조립한 PC를 써도 크게 문제될 건 없다.

그리고 리뉴얼PC의 모든 부품이 중고 부품인 것은 아니다. 재제조할 때 일부 부품은 새로운 것을 쓴다. 우선 조립 컴퓨터는 기본 세팅으로 케이스를 새것으로 사용하고 있다. 케이스를 중고로 쓰면 박스와 포장용품은 새것으로 맞춰야 하기 때문에 비용 측면에서도 좋을 것이 없다. 케이스가 새것이면 결정적으로 제품을 받아들었을 때 외적으로 깔끔하니까 리사이클 제품이 아니라 신제품을 받아든 느낌이 들어서 좋다.

그밖에도 SSD 같은 건 신품과 중고의 가격 차이가 많이 나지 않아 신품을 쓰는 경우가 많다. 하드디스크의 경우에도 개인정보 문제로 폐기하는 걸 원칙으로 하기 때문에 중고 컴퓨터도 하드는 신품을 넣어야 한다. 만약 하드에 문제가 생기면 윈도가 날

아간다든지 하는 심각한 문제가 생기기 때문에 신품을 쓰는 것이 AS관리에도 좋다. 파워 역시 중고 부품을 쓰다가 터지는 사고가 일어나면 안 되니까 신품 위주로 사용한다. 새것처럼 되살린다는 콘셉트가 그냥 붙여진 것은 아니다.

1가구 다PC 시대에
벌어지는 일들

리사이클 업계에 종사하다 보니 뉴스를 볼 때 조금은 다른 시선으로 바라보게 된다. 어떤 신제품이 많이 팔렸다는 이야기를 들으면 4, 5년 뒤에 중고 부품이 많이 나오겠다는 생각을 한다. 공무원이 10만 명 늘어났다고 하면 1인 1PC 시대니까 10만 대의 컴퓨터가 더 쓰이게 될 것이고, 5년쯤 지나면 관공서에서 그 인원수만큼 중고 컴퓨터들이 쏟아져 나오겠다는 생각을 한다.

기업이나 관공서에서 재직자가 10만 명 늘어났다면 컴퓨터뿐 아니라 책상, 의자 등 가구들이 필요할 것이고 그 제품들은 몇 년 뒤 다시 리사이클 시장에 나올 것이다. 그것들은 리사이클 산업에서 원자재와 같다.

월드메모리 홈페이시를 통해 이런 원사새를 직접 내입하는 것은 리뉴올PC가 최고 품질의 제품을 저렴하게 판매할 수 있는 비법이다. 컴퓨터를 개인에게 매입하기도 하지만 학원, 사무실, 기업에서 교체를 위해 대량으로 내놓는 컴퓨터를 매입하기도 한다. 관공서에서 나오는 컴퓨터는 입찰을 통해 매입한다. 이렇게 확보된 원자재는 철저한 검수 과정을 통해 선별된다. 마치 사과나 배 같은 과일을 크고 예쁜 모양은 명절 선물용으로 분류하고, 작고 찌그러진 건 갈아먹는 주스용으로 분류하는 것과도 같다.

리사이클 시장에서 사용한 지 2주밖에 안 된 컴퓨터, 1년 사용한 컴퓨터가 있다면 그것은 신품에 가깝다는 뜻이다. 중고차 시장에서 두 달 사용한 자동차인데 개인 사정이 있어서 팔려고 내놓았다면 금방 팔릴 것이다. 잠깐 쓴 것이지만 중고 컴퓨터로 나왔다면 그런 건 리뉴올PC 홈페이지에 올리면 금방 팔린다. 새것이나 다름없지만 싸게 살 수 있기 때문이다. 그래서 전시제품 콘셉트로 중고 전자제품 쇼핑몰을 운영하는 업체도 있다.

리사이클 시장에서는 다양한 형태의 기업들이 각자의 특장점을 살려 일하고 있다. 온라인에서 개인 소비자를 대상으로 쇼핑몰을 운영하는 데 특화된 기업도 있고, 관공서 매입 입찰에 참여해 수거한 부품을 수출하는 것이 전문인 기업도 있다. 또 매입은 하지 않지만 유통되는 중고 부품을 구입해 조립해서 팔고 있는 기업도 있다. 우리 회사는 창립 초부터 소비자 매입을 시작해 관공서 입찰, 온라인 B2C(개인 소비자 대상) 오픈마켓, B2B(기업 대상) 판매, 쇼핑몰, 수출 등 모든 영역에서 활약하고 있다. 용산 사무실에서는 신품도 취급한다.

▦ 중고라는 편견을 넘어 ESG의 시대로

중고 컴퓨터 시장 규모는 정확하게 수치화된 자료는 없지만 B2C 시장을 보고 가늠해볼 수는 있다. 이베스트투자증권 집계 결과에 따르면 2019년 중고 거래 시장 규모는 20조 원이었다. 업계 1위 중고나라가 카페와 애플리케이션 합산 3조 4,600억 원, 번개장터가 1조 1,000억 원, 당근마켓은 7,000억 원, 헬로마켓 5,000억 원 등의 거래액을 올렸을 것으로 추정했다. 2020년에는 중고나라의 카페, 앱 합산 거래액이 5조 원으로 전년 대비 44% 증가했다. 이커머스 업체와 비교해보면 쓱닷컴(3조 9,236억 원)을 넘어서는 수준이라고 한다. 그중에서 중고 컴퓨터 시장은 2조 원으로 추산하고 있다.

그런데 온라인에서 개인 소비자에게 판매되는 것 외에 B2B 시장과 수출 시장 등을 합하면 중고 컴퓨터의 시장 규모는 더 클 것이다. 월드와이드메모리의 매출액도 2017년 130억 원이었던 것이 2018년에는 341억, 리뉴올PC 브랜딩이 본격화된 2019년에는 411억, 2020년에는 515억 원을 넘어섰다.

사회 전반적인 분위기를 살펴보면 컴퓨터 외에 중고샵이 성행한 케이스로 중고서점을 들 수 있다. 한 번 보고 책꽂이에 꽂아놓고 다시 보지 않는 책들을 되파는 일이 지금은 보편화됐다. 2008년 알라딘은 중고샵 운영을 처음 시작해 2011년 종로에 업계 처음으로 오프라인 중고서점을 오픈했다. 지금은 전국 곳곳에서 알라딘 중고서점을 만날 수 있는데, 경쟁사인 예스24도

2015년부터 중고도서 매입 서비스를 시작해 한동안 오프라인 중고서점 경쟁으로 번졌을 정도다.

최근 인류 공통의 과제가 된 '지속 가능한 성장'이라는 글로벌 이슈는 ESG(환경·사회·지배구조) 경영이라는 화두를 낳았다. 대기업들도 예외는 아니어서 2021년 롯데는 온라인 중고 거래 업체 1위인 '중고나라'를 인수했을 정도다.

📟 소비자의 다양한 니즈에 대응하는 법

2015년 개인 소비자를 대상으로 중고 컴퓨터 판매를 시작하기로 결정하고, 초기에는 전화 대응을 통해서 소비자들의 이야기를 들었다. 나중에는 홈페이지에 남긴 문의 글을 통해서, 최근에는 인스타그램이나 유튜브에 달린 댓글을 통해서 소비자 반응을 파악하고 있다.

2018년 중고 컴퓨터의 브랜딩을 결정하고 리뉴올PC가 탄생한 이후 소비자들의 이야기를 모니터링하고 카테고리화해서 신상품을 개발하는 데 도움을 받고 있다. 웹디자인용PC, 영상편집용PC, 온라인교육용PC, 주식용PC 같은 카테고리는 그렇게 탄생한 것이다.

지금은 1인 1PC 시대라서 소비자들은 이미 각 가정에 좋은 컴퓨터를 가지고 있다. 여기에 더해 세컨드 컴퓨터를 추가 구매하는 경우가 많은데, 이때는 비싼 걸 사기에는 부담을 느낀다. 과거에는 무조건 고사양을 사는 경향이 있었다면 지금은 그렇지 않다.

만약에 소비자가 원하는 사양에만 집중한다면 컴퓨터는 최고 사양이 돼야 한다. 소비자가 원하는 대로 이것저것 좋은 품목을 모두 장착하면 상품은 점점 신품 가격과 비슷해지고 가격은 150만 원을 훌쩍 넘길 것이다. 그런데 우리 회사는 리사이클 비즈니스를 하는 회사다. 이 본질을 잊어버리면 가성비와는 점점 멀어지고 나중에는 소비자의 외면을 받게 될 것이다.

우리는 정말 소비자가 필요한 것이 무엇인지에 집중했다. 우리가 만나는 소비자의 상황을 살펴보니, 가정에서 아빠는 비싸고 고사양인 컴퓨터를 이미 구매해서 쓰고 있고, 아이를 위한 새 컴퓨터가 필요한 상황이 많다. 그러면 굳이 고사양의 기능을 모두 갖춰서 컴퓨터를 새로 살 필요가 없다. 아이들은 게임만 잘 되면 된다든지, 온라인 수업만 잘 들을 수 있으면 된다는 특정한 목적을 충족해주면 된다. 실제로 소비자는 저렴한 걸 두 대 사서 큰아이 따로, 작은아이 따로 사용하는 경우가 많다. 어느 정도 보장된 성능에 40만~50만 원대 컴퓨터를 맞추면 가성비 좋고 원하는 스펙을 갖출 수 있게 되는 것이다. 우리가 잘할 수 있는 걸 공략하는 것이 우리가 해야 할 일이었다.

중고 컴퓨터를 판매할 때 대량 구매가 필요한 기업 고객들이 있다. 모텔에서도 요즘은 컴퓨터를 다 구비해놓고 있다. 게임하러 가는 경우도 많아서 커플PC를 구비해야 하고 MT를 가는네 모텔에서 숙박하는 경우도 많다. 또 학원이나 공부방을 여는 분들은 노트북 같은 시청각 자료를 많이 쓰는데, 한꺼번에 신품을 대량 구매하려면 너무 비싸니까 중고 컴퓨터를 대량으로 사가지고 간다. 2014년 제품 18만 원짜리를 60대 사가는 식이다. 만약 이 60대의 노트북을 100만 원짜리 신품으로 샀다면 6,000만 원이 들어가기 때문에 부담돼서 살 수가 없다. 대신에 중고로 하면 1,000만 원이 조금 넘는 가격으로 가성비 좋은 제품을 살 수 있다. 학습용으로 쓰는 데는 아무 문제 없다.

반면 고사양을 원하는 고객도 우리 회사 제품을 저렴하게 살 수 있다. 예를 들어 컴퓨터학원 같은 곳은 그래픽도 좋아야 하고 여러 조건들이 갖춰져야 한다. 그런데 그걸 비싼 신상 컴퓨터들로 맞춰놓으면 학원이 비용을 감당할 수가 없다. 이런 고객들도 컴퓨터를 교체할 때 우리 회사로 의뢰를 한다.

컴퓨터는 이제 각자의 용도에 맞게 사용하는 추세다. 20만 원 투자해서 저렴한 컴퓨터를 1년만 쓰고 다시 되팔겠다는 현실성 있는 소비를 많이 볼 수 있다. 소비자들이 무조건 좋은 것만 선호한다면 30만~40만 원대 컴퓨터가 안 팔리겠지만, 실제로 많이 소비되고 있다.

분류 작업을 할 때 화면에 멍도 약간 있고 기스도 약간 있는 B급 노트북들은 다 폐기해야 할지 고민하게 된다. 그러나 이제는 소비자 니즈가 다양해졌기 때문에 좋은 것은 비싸게 팔고 안 좋은 것은 저가에 파는 것이 가능해졌다.

현재 우리 회사를 대표하는 브랜드는 총 두 가지다. 개인 소비자들에게 중고 컴퓨터를 재제조해서 판매하는 '리뉴올PC'와 개인이든 기업이든 쓰던 컴퓨터를 매입해 주는 '월드메모리'가 그것이다.

지금 월드메모리 홈페이지에 들어가면 자신이 쓰고 있는 컴퓨터의 사양을 전용 프로그램으로 쉽게 확인할 수 있고 부품별로 얼마에 컴퓨터를 팔 수 있는지 알 수 있다. 2004년 월드메모리 홈페이지를 처음으로 개설했을 때부터 우리는 매입 단가를 공개했다. 창립 초부터 월드메모리 홈페이지는 매입용으로 열려 있었던 것이다. 초창기에는 '바이메모리'라는 이름으로 다나와에서 신품 부품과 조립 PC를 팔기도 했는데, 우리는 2007년도에 이걸 접고 중고 컴퓨터에 집중하기로 했다. 당시에는 장부관리,

입출금관리가 잘 되지 않아서 선택과 집중을 하는 결단이 필요했다.

2000년대 초반은 개인 컴퓨터가 보급되던 시기다. 그전까지는 나우누리와 천리안 시대였다면 월드와이드웹(WWW)으로 넘어가면서 대세가 되었다. 온라인 게임 스타크래프트가 유행하고 PC방이 생겨났으며 개인 PC가 많이 팔려나갔다. 개인 PC 판매량이 늘어났기 때문에 당연히 몇 해 지나서는 중고 컴퓨터 매입이 가능해졌다. 내가 독립해서 회사를 꾸렸던 시기가 이때다.

이때는 지금처럼 중고거래가 활성화돼 있지 않았기 때문에 중고 사기가 사람들 입에 오르내리곤 했다. 초창기부터 우리는 다나와 사이트에 매입 광고를 냈는데, 그걸 봐도 사람들은 불안해할 수 있을 것 같았다. 믿을 수 있는 곳인지 실존하는 곳인지 의심하는 마음이 있다면 거래는 성사되지 못할 것이다. 그에 대한 보완책으로 생각한 것이 사무실 CCTV 영상을 홈페이지에 실시간으로 공개하는 것이었다. '우리는 컴퓨터 받고 입금 안 해주는 업체가 아닙니다. 실제 일하고 있는 회사입니다'라는 제스처였다. 사람들은 CCTV를 통해 사무실 모습을 보면서 믿을 수 있는 곳이라고 생각했을 것이다.

그때도 사실 중고 컴퓨터 업체는 많았다. 나는 항상 '그 경쟁에서 앞서려면 뭘 해야 할까?'를 생각했고, 그래서 생각한 것이 업계 최초로 광고를 하는 것이었다. '컴퓨터 부품 최고가 매입'이라고 다나와 사이트에 배너 광고를 했다. 그 후로도 지금까지 20년

째 꾸준하게 월드메모리 이름으로 광고비를 쓰고 있다. 지금 생각해보면 매입 브랜딩을 한 셈이다. 이제는 업계에 많이 알려져서 동네의 작은 소매점들도 중고 컴퓨터 부품을 모아서 월드메모리로 보내주곤 한다.

📟 내 컴퓨터를 팔면 얼마 받을 수 있을까

개인 소비자 매입이든 기업체 대량 입찰이든 우리 회사 입장에서 매입은 무조건 많을수록 좋다. 이것은 다른 제조업으로 치면 원자재를 확보하는 것과 같다. 그래서 우리는 판매에도 신경을 많이 쓰지만 매입하느라 정말 열심이다.

"여기는 '다음카카오'라는 회사인데요. 제주도 본사에서 사무용 컴퓨터를 교체하려고 하는데, 쓰던 컴퓨터를 매입해가실 수 있나요? 저는 서울에서 근무하고 있는데 매입 가능하시다면 제주공항에서 만나서 함께 가시면 됩니다."

언젠가 이런 전화를 받은 적이 있다. 그는 개인적으로 월드메모리에 컴퓨터를 택배로 보내서 팔았던 적이 있는데, 신속 정확하고 친절하게 응대해주어서 기억에 남았다고 한다. 홈페이지에 매입 단가가 투명하게 공개돼 있어서 믿을 수 있었는데, 다음날 바로 컴퓨터를 받았다는 연락이 와서 깜짝 놀랐다고 한다. 게다가 곧장 테스트에 들어가고 끝났다면서 바로 입금해주는 게 좋았다고 한다. 그래서 그는 회사의 컴퓨터를 교체할 시기가 되자 월드메모리를 떠올렸던 것이다.

이렇게 월드메모리에 중고 컴퓨터를 팔아본 경험이 있는 사람들은 소개에 소개로 이어지는 일이 많다. 다음카카오의 직원도 매입이 끝나고 나서 다른 IT기업의 매입 건이 있다며 소개를 해주기도 했다. 이제는 사업 초창기처럼 사무실 CCTV 영상을 더 이상 공개하지 않아도 된다. '뭘 믿고 저 업체에 내 컴퓨터를 보내지?'라고 생각하는 사람은 거의 없다. 사람들은 비대면 거래에 대해 익숙해졌고 어떤 곳이 믿을 만한 업체인지 잘 알고 있는 것 같다. 우리 회사가 신뢰를 얻은 것은 오래 전부터 매입 단가를 공개해 왔던 것이 크게 작용했다고 생각한다. 우리가 홈페이지에 올리는 매입 단가는 지금도 자연스럽게 중고 컴퓨터 업계의 표준으로 작동되고 있다.

나는 사실 용산전자상가 출신이다. 배달 사원부터 시작해 메모리를 유통시키는 딜러 업무를 배웠다. 매입 단가를 정할 수 있는 노하우는 그때의 경험에 바탕을 두고 있다. 지인 중 어떤 사람은 내 머릿속에 전광판이 있는 것 같다고 말한 적이 있다. 주식 가격이 오르락내리락 하듯이 내 머릿속에서는 컴퓨터 부품들의 품목별 매입 단가가 오르락내리락 하고 있다는 뜻이다. 어떤 품목이 됐든 내가 사고 싶은 단가에 사기 위해서 나는 시세를 계속 꿰고 있어야 한다. 더군다나 우리는 매입 단가를 매일 공개하기 때문에 하루 단위로 시세를 신경 쓴다.

매입할 때 내가 얼마에 사야 할지 판단하려면 판매가 동향을 알고 있어야 한다. 거래처들이 물건을 얼마나 원하는지 수요를 체크하는데, 마진을 고려하되 재고가 쌓이지 않게 하려면 매입부터 매출까지 여러 가지를 고려한다. 매입된 중고 컴퓨터들은 테스트와 해체를 거쳐 부품 품목별로 분류되어 쓰임을 기다리다가, 그대로 다른 딜러 유통업체에 부품으로 팔리기도 하고 다시 선별되어 중고 조립 PC로 재제조되기도 한다.

이때 분류된 부품 중에는 고장인 것도 있는데, 이것들도 단가가 있다. 중고 부품들은 기본적으로 모두 수리하면 다시 쓸 수 있는 것들이다. 다만, 수리에 들어가는 인건비가 수익보다 많이 들 것 같으면 불량 상태 그대로 수출로 넘기거나 고철로 처리해 버린다. 만약 고장 난 상태의 부품에 인력을 투입해서 정상 상태로 되돌린 제품이 적당한 값을 받고 팔려나간다면 그렇게 한다.

그러나 수익이 나지 않고 인건비가 오히려 많이 들 것 같다면 굳이 수리할 필요가 없다. 불량 상태라도 어디선가 수거해가려는 사람이 나타나기 때문에 그대로 두었다가 처리하면 된다. 고장난 부품을 사서 칩을 바꿔서 수리해 쓴다든지 하는 목적으로 가져가는 사람에게는 고철 단가보다 높은 가격을 받을 수 있다. 또는 수리하지 않더라도 고철 처리로 매출을 올리는 것이 가능하다. 매입을 통해 확보된 물건은 그때그때 상황에 맞게 가장 수익이 높은 쪽을 선택하는 의사결정을 매번 순발력 있게 해야 한다.

▓ 소매점에서도 매입 컴퓨터를 보내온다

쓰던 컴퓨터를 매입해 주는 곳이 있다는 사실을 몰라서 아직도 컴퓨터를 재활용 쓰레기장에 버리는 사람도 있다. 그래서 우리는 '중고 컴퓨터 매입은 월드메모리를 통하면 된다'는 메시지를 대중적으로 알리기 위해 노력하고 있다.

꼭 개인이 직접 우리에게 보내는 형태는 아니어도 상관없다. 동네의 작은 소매점에서 중고 컴퓨터를 모아놓았다가 우리에게 보내주는 경우도 많이 있다. 그중에는 컴퓨터 외에도 냉장고, TV, 가구 등 여러 품목들을 다루는 업체도 있는데, 컴퓨터만큼은 월드메모리에 보내면 언제든 사준다는 것을 그들은 알고 있다. 여러 해 동안 꾸준히 매입 물건을 보내주고 있는 업체들이 많이 있다.

이 업체들은 직접 중고 컴퓨터를 분해해서 테스트하고 재제조 과정을 거쳐 조립 PC를 팔 수도 있겠지만, 판매처가 여의치 않을 때는 월드메모리로 보내준다. 그중에서 월드메모리와 윈윈할 수 있는 곳들은 가맹점 형태로 협력할 수 있도록 시스템을 만들어놓았다. 월드메모리 홈페이지에는 '전국 가맹문의' 배너가 떠 있는데, 특히 신생 업체라든가 시작한 지 얼마 되지 않은 업체들이 연락을 해오는 경우가 많다.

삼성전자 같은 제조사에서는 고객들의 중고 컴퓨터를 매입하거나 하지 않는다. 그렇지만 고객들은 새 컴퓨터로 바꾸면서 쓰던 컴퓨터를 가져가줄 수 있는 곳을 찾는 경우가 많다. 소비자들이 쓰던 컴퓨터에 대해 매입해줄 수 있는지 문의하는 경우가 늘어나자, 컴퓨터 같은 가전제품을 유통시키는 대기업에서도 매입에 대해서 관심을 갖기 시작했다. 고객에 대한 서비스 차원에서 중고 매입을 하는 곳도 생겨났는데 1조 원 단위의 매출을 올리는 컴퓨존 같은 경우가 그렇다.

만약 이런 유통업체에서 매입한 중고 컴퓨터를 직접 검수하고 처리해야 한다면 인력을 새롭게 뽑고 개인 고객들에게 일일이 송금을 해주는 그런 복잡한 절차들을 처리해야 할 것이다. 하지만 우리처럼 시스템을 갖추고 있는 회사를 찾아 의뢰하면 굳이 자사에서 그런 작업을 직접 하지 않아도 된다. 빠른 처리를 위해 우리와 협업해서 해결할 수 있다.

"컴퓨터,
전국으로 출장매입
해드립니다"

우리 회사는 2003년 용산의 메모리 딜러 업체에서 시작해 지금은 500억 원의 매출을 올리고 있는 리사이클링 회사로 성장했다. 지금의 규모로 성장하기까지 매입량을 늘리는 것은 우리에게 항상 과제였다. 신품과 달리 중고 컴퓨터는 필요할 때마다 원재료를 조달해 바로 생산량을 늘릴 수 있는 것이 아니다. 중고 부품을 확보해야 재제조에 들어가든가 유통에 다시 투입하기 때문에 개인이나 기업으로부터 쓰이지 않는 컴퓨터를 꾸준히 매입해놓아야 한다.

이 매입 작업을 직접 하지 않는 곳은 중간 유통만 하는 딜러 업체로 머물러 있거나 조립 PC라는 최종 소비자 제품을 판매하더라도 부품을 조달받아서 해야 하기 때문에 유연하게 대처하기가 힘들 수 있다. 우리는 2005년부터 2014년까지 매입량을 늘리기 위한 선택으로 한국환경공단(당시에는 한국환경자원공사)이나 학교, 경찰서 같은 관공서 입찰에 꾸준히 참여했다. 이런 관공서들은 전국에 사업소가 있기 때문에 입찰을 통해 컴퓨터를 회수하게 되면 상당량의 물량을 확보할 수 있었다. 삼성, LG, SK 같은 대기업들도 컴퓨터를 주기적으로 바꾸기 때문에 대량의 컴퓨터를 확보할 수 있었다.

이때 입찰을 통해 낙찰을 받으면 20대의 젊은 직원들 15명과 함께 전국을 돌아다니면서 컴퓨터 부품들을 실어 날랐다. 관공서의 공무원들은 6시에 칼퇴근을 하니까 그전에 빨리 물건들을 빼서 트럭에 쌓아야 그날의 작업을 마칠 수가 있었다.

하루 날을 잡아서 현장을 돌면 한 군데만 들렀다 오는 경우는 거의 없었고, 여러 사업소를 돌아야 했다. 새벽에 출발해서 9시까지 대전에 도착해서 3시간 동안 작업을 해서 싣고, 1시간을 달려 정읍에 도착해서 다시 3시간 동안 작업을 하고 나면 광주로 출발해서 또 작업을 하는 식이었다. 관공서는 한번 날짜를 정했으면 무슨 일이 있어도 그날 작업을 마쳐야 했기 때문에 일정을 잡으면 바쁘게 움직여야 했다.

모니터를 가져오는지 본체에서 해체한 부품을 가져오는지에 따라 트럭 위에서 쌓는 방법도 다양했다. 모니터는 부피가 크고 잘못하면 깨져버리기 때문에 두 개씩 마주보도록 놓고 위로는 쌓지 않는다. 컴퓨터에서 해체된 채 20개씩 묶여 있는 메인보드는 박스 안에 담겨 있기 때문에 위로 쌓을 수가 있는데 탑차 윗부분 끝까지 쌓을 수 있었다. 컴퓨터 본체의 경우에는 파레트 작업으로 랩핑을 해서 싣는데, 많이 실으면 10단으로 쌓고 1,500대까지도 실을 수 있었다.

📟 시간에 쫓기고 몸은 비록 힘들지만

이런 일들은 몸을 써서 하는 일이기 때문에 가끔은 다치는 경우도 있었다. 물량이 많을 때는 5톤 트럭을 불러서 물건을 쌓는데, 어느 날은 내가 트럭 위에 올라가서 밑에서 올려주는 물건을 받아서 쌓고 있었다. 시간에 쫓기고 있었던 터라 바삐 일하다가 트럭에서 밑으로 뛰어내렸는데 허리를 삐끗해서 움직일 수가 없었다. 다행히 일은 얼추 마무리 단계여서 나는 누운 채로 서울로 올라왔고 바로 응급실로 갔다. 상태는 좋지 않았고 나는 입원해서 디스크 시술을 받았다.

지방에서 매입 물량을 가져오면 물류센터 창고에 다시 쌓아두어야 했는데, 계단이 있는 지하 공간을 쓰다 보니까 그게 또 힘든 작업의 연속이었다. 당시에는 지게차도 없었고 엘리베이터도 없는 곳이라 여러 명이 줄을 서서 수박 나르듯이 부품들을 나르곤 했다. CRT 모니터처럼 뒤쪽이 뚱뚱한 모니터를 나를 때도 있었는데, 그럴 때면 온몸에 땀이 비 오듯 했다. 20대들이 모여서 일하는 곳이다 보니까 우리는 열정이 한가득이었는데, 매입한 컴퓨터는 재제조를 위해서 밤늦게까지 분해하고 테스트해서 분류해두고 새벽에 또 나가서 매입 물량을 받으러 가곤 했다. 그때 타고 다니던 승용차는 전국을 돌아다니다 보니까 8년 정도 타고 주행거리가 20만 킬로미터가 나왔다. 차를 처분할 때 "택시만큼 타셨네요"라는 이야기를 들었던 게 생각난다.

주말을 이용해서 작업하기를 원하는 경우도 있었다. 콜센터, 은행, 보험회사 등은 어쩔 수 없이 직원이 없는 주말에 작업하는 경우가 많았는데, 그러다 보니 쉬는 날이 좀처럼 없었다. 몸은 비록 힘들었지만 작업 후 다른 곳을 소개받아서 "여기도 견적 받아보시죠" 하게 되는 경우가 많이 있어서 신나게 일했다.

컴퓨터 사양이 점점 높아지는 것처럼 우리의 사업도 여러 번 진화를 겪어왔다. 초창기의 월드메모리는 개인 매입이 많았는데, 관공서 매입을 하면서 물량이 늘어나자 서교동에 물류센터 공간을 따로 마련했다. 그런데 대기업들 매입 물량을 들여오기 시작하자 감당할 수 없는 상태가 되어 지금의 고양시 본사로 더 큰 공간을 찾아 옮겨가게 되었다.

우리 회사는 창립 초부터 매입에 공을 들여왔고, 대량의 컴퓨터를 해체하고 테스트하려면 공간이 필요하기 때문에 물류센터 구축에도 힘을 써왔다. 물류센터에 매입 컴퓨터를 꽉 채우면 6만 대 정도가 들어가는데, 해체 공간이 따로 있고 조립 공간이 따로 있다. 선별된 부품을 모아서 정리해놓는 공간도 있는데, 이곳은 바이어들이 와서 제품을 확인하고 구입해 가는 일종의 쇼핑몰과도 같은 곳이다.

물류센터에서 조립된 컴퓨터는 개인 소비자에게 온라인으로 판매되기도 하고, 기업들이 주문한 물량으로 출고되기도 한다. 그중에서도 매입된 컴퓨터의 70%는 수출 물량으로 출고된다. 소비자 판매 대수를 더 늘리고 싶은데 그러기 위해서는 매입량을 더 많이 늘려야 했다. 이런 노력들 안에서 대량으로 물량을 매입해나가다 보니 회사를 꾸준히 성장시킬 수 있었다.

▨ "맡기기만 하면 알아서 처리해 드립니다"

사실 쓰던 컴퓨터를 매입해 주는 회사는 이제 많아졌다. 그런데도 사람들이 굳이 월드메모리에 매입을 맡기는 이유는 무엇일까? 그 특별함을 만들어내기 위해 여러 해 동안 많은 고민을 해왔는데, 그중 하나가 전국 출장 매입 서비스다. 다른 업체들도 이걸 하고는 있었겠지만, 광고비를 투자해 출장 매입을 꾸준히 알렸던 곳은 우리 회사가 처음일 것이다.

월드메모리는 컴퓨터 매입 후 다시 유통이 가능한 부품으로 재탄생시키는 과정도 시스템화가 잘 되어 있다. 개인정보들이 담겨 있는 하드는 모두 구멍을 뚫는 파쇄 서비스를 하고 있고, '디가우징(Degaussing)' 서비스로 데이터 삭제 처리를 해준다. 또 매입 가격은 항상 공개돼 있으며 테스트 후에 불량이었던 부품이 있으면 그 상세 내역을 바로 알려준다.

2021년에는 국내 컴퓨터 판매 쇼핑몰 1위인 컴퓨존과 업무협약을 맺어, 이곳에 입점해 있는 업체들을 대신해 매입 서비스를 하고 있다. 컴퓨존은 입점 업체에 대한 서비스를 강화하기 위해 우리와 연계해 매입 서비스를 중개하고 있다. 이곳에는 딜러 업체들도 있고 소매점들도 입점해 있는데, 고객이 쓰던 컴퓨터를 들고 와도 매입 서비스를 할 수 있는 여건이 안 갖춰진 곳들이 많다. 이들이 고객에게서 매입 의뢰를 받으면 컴퓨존에서는 월드메모리가 매입 대행을 할 수 있도록 시스템적으로 지원한다. 개인이나 기업이 꼭 월드메모리에 직접 컴퓨터를 맡기지 않아도 결국엔 월드메모리로 모이는 그런 시스템을 만들어가는 중이다.

우리보다 규모가 훨씬 큰 플랫폼 기업이 업무협약을 맺는 이유는 각사의 ERP 시스템을 서로 연동만 하면 따로 매입 시스템을 구축하는 데 추가 비용을 들일 필요가 없기 때문이다. 월드메모리에서는 개인이든 기업이든 컴퓨터를 맡기기만 하면 자동화해서 처리해 주는 시스템을 구축하고 있다.

대기업의 경우에는 IT자산 보관 서비스도 가능하다. 업무상 필요해서 컴퓨터를 새것으로 교체했을 때 이전의 쓰던 컴퓨터를 보관해둘 창고를 가지고 있는 회사는 많지 않다. 바로 매각하면 될 것 같지만 회계처리상 감가상각을 할 수 없는 연차일 때는 그게 손해일 때가 있다. 그럴 때 사용은 안 하지만 보관을 해둬야 하는데, 그걸 월드메모리가 해결해줄 수 있다. 놔둘 데가 마땅치 않은 회사를 위해 판매가 되기 전까지 보관 서비스를 해주는 것이다. 월드메모리가 당장 매입하는 것이 아니라 그 회사의 자산인 상태로 보관만 해주는 것이다. 이런 복잡한 회계처리 때문에 렌털로 컴퓨터를 쓰는 회사들도 많은데, 리뉴올PC에서는 구매뿐 아니라 렌털도 가능하다.

또 기부를 원하는 회사가 있을 때도 월드메모리가 역시 해결해줄 수 있다. 예를 들어 100대를 매각했을 때 테스트를 거쳐 10%는 도움이 필요한 곳에 그 회사 이름으로 기부하는 등의 활동이 가능하다. 현재는 사회적 기업과 연대하고 있고 정보 취약계층에 PC 나눔 활동을 해오고 있다.

거래 안 해본 곳은
있어도 한 번만
한 곳은 없다

　　중고 컴퓨터 업계에서 월드와이드메모리는 매입부터 판매까지 모든 영역에서 활동하고 있다. 업계 안에서는 서로가 경쟁업체이자 협력업체라서, 규모가 다른 업체들끼리도 서로 필요한 부품을 조달해 주는 등의 도움을 주고받을 수가 있다.

　　우리 회사의 거래처들은 한번 거래하면 오랫동안 함께 간다. 그 이유는 아마도 윈윈하는 관계를 유지하기 때문일 것이다. 나만 마진을 많이 보겠다고 욕심을 부리면 그 관계는 오래가지 못한다. 한두 번은 이득을 볼지 모르지만 장기적으로 보면 좋지 않다. 내가 회사를 창립하던 초기에는 용산전자상가에서 일하던 사장님들이 거래처 접대를 하는 경우가 정말 많았다. 그런데 나는 그런 영업은 할 줄 몰랐다. 술 마시면서 "내 물건 팔아주세요" 했던 적은 없다. 내가 경험해 왔던 비법은 '내가 적당한 가격을 제시하면 결국 나와 거래하게 된다'는 것이었다.

2000년대 중반에 회사의 시스템이 미처 갖춰져 있지 않았을 때 일하던 직원이 우르르 퇴사하는 일이 여러 번 있었다. 중간 유통을 담당하는 딜러가 2~3년 일을 배우고 나면, 나가서 독립하고 싶어 하는 경우가 많았다. 지인 중에는 그런 사람들이 거래처를 뺏고 경쟁자가 되는 것 아니냐고 걱정하는 분들도 있었는데, 그걸 걱정해서 내가 뒤에서 나쁜 말을 하고 다닌다거나 영업을 방해한다거나 하는 일은 해본 적이 없다.

물론 월드메모리 이름을 걸고 영업하던 사람이 독립을 해서 나가면, "사장님 저 독립했어요" 문자 한 통 보내는 순간 거래처가 그쪽으로 가버리는 일은 발생한다. 그렇다고 독립한 전 직원을 방해하는 일에 에너지를 쓰고 싶지는 않았다. 같은 업계 안에 있으면 그곳에서 우리 회사에 물건을 파는 경우도 있고, 우리 회사에서 물건을 사가는 경우도 생길 수 있다. 서로 뺏고 뺏기는 제로섬 게임이라고 보지 않았고 거래처가 더 늘어나게 됐다고 생각하면 굳이 시기할 필요는 없었다. 그때나 지금이나 여전히 우리에게 가장 중요한 가치는 '상생'이다.

빨리빨리 처리하면 서로가 좋다

거래처와의 상생 관계는 소비자 대상으로 매입 서비스를 할 때도, 리뉴올PC를 판매할 때에도 적용된다. 소규모의 컴퓨터 가게들은 월드메모리가 공개한 매입 단가를 표준으로 삼고, 개인 소비자들에게 매입한 컴퓨터를 모아서 월드메모리로 보낸다. 이것 역시 '상생'을 중요시했던 결과라고 생각한다.

개인 소비자가 월드메모리에 직접 중고 컴퓨터를 팔고 싶어서 홈페이지에 문의 글을 남기면 우리 직원들은 일일이 답변을 달아주면서 안내하고 있다. 카카오톡이나 네이트온을 통해서 수시로 소통한다. 매입 단가표가 오래 전부터 공개돼 있기 때문에 가상 견적을 내보는 사람도 있고, 그냥 컴퓨터를 보내는 사람도 있다. 보내기 전에 질문을 올려서 답변을 확인하는 사람들은 얼마나 받을 수 있는지 궁금해하는 것인데, 성질 급한 한국인들이 답답해하지 않도록 빨리빨리 처리하는 것이 원칙이다.

우리 회사가 소비자들에게 신뢰를 얻은 가장 큰 이유는 아마도 입금을 빨리 해주기 때문일 것이다. 월요일, 화요일에 물량이 몰리는 때가 있어서 예외는 있지만, 대개는 다음날 바로 입금해준다. 매입할 물건이 회사에 도착하면 그 사실을 바로 문자로 넣어주고, 테스트 중일 때도, 입금했을 때도 실시간으로 문자를 보낸다.

또 사전 견적과 다르게 불량 부품이 있을 때는 입금하면서 상세 내역을 알려준다. 단계별 공정마다 알려주기 때문에 컴퓨터를 보내놓고 불안해하지 않아도 된다. 월드메모리 홈페이지에 그날 입금해드린 고객의 리스트를 올리능기 때문에 그 명단을 보고 확인할 수도 있다. 이름 중 한 글자가 가려져 있지만 본인이라면 문자를 받았기 때문에 알 수 있다.

　매입을 원하는 기업들 입장에서도 월드메모리에 컴퓨터를 맡기는 것은 유리하다. 아직까지 어음을 준다든가 하는 여신거래를 해본 적은 없다. 대량 물건의 경우도 2~3일 정도면 정산을 완료하는데, 테스트만 끝나면 바로 입금 처리를 하는 것이 원칙이다.

　특히 개인 소비자들은 중고 컴퓨터를 팔 때 '내 컴퓨터 단가를 확 깎아버리는 거 아냐?' 하는 생각이 들 수도 있다. 월드메모리에서는 매입 단가가 모두 공개돼 있으니까 그럴 일이 없고 신뢰가 점점 쌓인다. 개인 소비자들은 컴퓨터를 잘 몰라서 불안해할 수 있다. 그래서 이해를 돕기 위해 불량으로 판명된 품목은 사진까지 첨부해서 내역을 보내드리고 있다. 불량 품목은 돌려 달라고 하면 다시 보내드리는데, 의사 표시가 따로 없으면 일주일간 보관해두었다가 처분한다.

　이런 신뢰를 바탕으로 2021년부터는 본격적으로 소매점 체인을 모집하고 있다. 자체적으로 매입 서비스를 하기에 버거운 소규모의 컴퓨터 소매점이 월드메모리 지점으로 참여하면 매입 서비스를 맡아서 해주는 것이다.

🖳 월드메모리에 없으면 어디에도 없다

　우리 회사가 매입 전문업체로 이름이 알려지게 된 것은 개인 소비자 매입, 기업체 매입, 입찰을 통한 관공서 매입에 모두 참여하기 때문이다. 여러 해 동안 시스템을 만들어가는 과정에서 사연스럽게 이름을 알리게 됐다. 중고 컴퓨터의 매입은 그대로 매출로 이어지기 때문에 많을수록 좋다는 것이 나의 기본적인 입장이다. 물량이 확보되기만 하면 재제조 과정을 거쳐 어떻게든 팔 수 있다.

그게 가능한 것은 우선 적정선에서 상대도 나도 손해 보지 않는 가격에 매입하기 때문이다. 판매가가 어느 정도 될지 예측하고 있어서 전체 그림을 그릴 수 있다. '그 정도면 다 팔 수 있어', '그 정도면 두 달 걸려', '이 정도 가격에 팔릴 것 같으니 그 가격에 가져오면 돼'라는 예측은 원가 개념이 확실하게 잡혀 있어야 가능한 일이다. 그래서 우리 회사에서 원가 교육은 중요한 이슈다.

중고 부품을 사가는 딜러 업체들에게 마진을 너무 많이 붙이려고 하면 거래가 성립되지 않는다. 단가를 약간만 조정해 주면 물량은 다 소화할 수 있다. 내가 마진을 더 많이 보려는 욕심을 조금 줄이고 상대가 원하는 적정선에서 맞춰주면 대량 구입으로 유도할 수 있다. 그러면 결국에는 나도 이득이고 상대도 이득인 영업을 할 수 있다.

물론 예상치 못한 상황이 발생해 손해를 보는 경우도 있다. 예를 들어 1월에 군부대에서 나온 2만 대의 컴퓨터를 입찰받아서 매입했다. 2월에는 수거가 힘든 상황이었고 3월에 회수해서 4월에 팔아야 하는 일정이었다. 그런데 4월에 전체적으로 수출 가격이 20%가 떨어져서 거의 원가에 팔아야 하는 상황이 될 수도 있다. 입찰받았을 때 예상 못 했던 상황이 벌어지는 것이다.

그래도 서로가 이득을 볼 수 있는 윈윈 관계를 기본 원칙으로 일하다 보니까, 우리와 거래를 안 해본 곳은 있어도 한 번만 거래해본 곳은 없다. 거래를 경험한 사람들은 계속 월드메모리를 찾기 때문에 개인뿐 아니라 기업 고객, 딜러 거래처들이 점점 늘어나게 되었다.

용산전자상가에서 회사를 창립했을 때부터 나는 '용산에 있는 재고는 다 내 재고다'라는 마인드로 도전했다. 내가 이 많은 업체 중 한 곳에 팔 수만 있으면 매입 기회가 있을 때마다 무조건 사면 된다고 생각했다. 큰돈 바라지 않고 중간 마진만 얻으면 되기 때문이다.

월드메모리가 매입의 표준이 된 또 다른 이유는 보관할 수 있는 공간이 있기 때문이다. 그 덕분에 우리는 매입 물량이 있으면 무조건 산다는 원칙을 세울 수 있다. 또 그것은 월드메모리가 항상 물건을 확보하고 있다는 뜻이기도 하다. 소규모 업체라면 컴퓨터를 200~300대만 매입해 와도 놔둘 공간이 없다. 그런데 우리는 거의 6만 대 가까이 쌓을 수 있는 물류센터를 구비하고 있다. 이제는 거래처들 사이에 '내가 필요한 부품이 있으면 월드메모리에 가면 언제든지 다 있어'라는 인식이 퍼졌다. '월드메모리에 없으면 시장에 없는 거야'라고 생각하도록 만드는 것이 우리의 목표다.

이렇게 원가 개념과 물량을 받아들일 수 있는 시설을 구비하고 나니 그만큼 거래처가 많아졌다. 단가가 좋은 물건을 많이 가지고 있으니까 해외에서도 찾아오고 국내에서도 바이어들이 몰려들게 됐다. 온라인 쇼핑몰에서 개인 소비자 대상의 중고 PC 브랜딩도 가능해졌다.

필리핀부터
나이지리아까지
해외로 간다

내가 처음으로 해외 시장에 눈을 돌렸던 것은 2010년 무렵이었다. 굉장히 힘든 시간을 보내던 시기였는데, 그 와중에 새로운 돌파구를 마련해보고 싶었다. 지인의 소개로 베트남에 직접 방문해 리사이클 시장을 둘러보고, 현지에서 중개무역을 하는 사람도 소개받았다. 한국에서 다양한 상품을 가져다 팔고 베트남에서 냉동 꽃게를 한국으로 보내 식당에 납품하기도 하는 한국인이었다.

한국으로 돌아와 현지에서 원하는 품목들을 챙겨서 보냈는데, 아무리 기다려도 대금이 들어오지 않았다. "왜 대금이 안 옵니까?" 연락하면 "금고가 잠겨서 대금을 못 보내고 있어요. 비밀번호를 풀 수가 없어서 그래요", "다음 주에 한국에 들어가니까 그때 줄게요"라는 식으로 이해할 수 없는 말만 늘어놓았다.

나중에 알아보니까 해외 거래에서 사기를 당했다는 분들이 의외로 많았다. 캄보디아에 매장을 내고 컨테이너를 보냈는데 통관 자체가 안 돼서 물건만 떼였다는 경우도 있었다. 무역에 대해 어설프게 알고 거래하면 안 되겠다고 정신이 번쩍 들었다. 시스템을 갖춰놓지 못한 상태에서 해외에서 뭔가 해보겠다 생각하는 건 안 되겠다 싶었다.

대금을 받아내기 위해서는 베트남으로 직접 날아가야 했는데, 거기에 시간과 에너지를 쓰기에는 기회비용이 너무 컸다. 작은 회사는 이러다가 금방 무너지겠다 싶은 생각에 씁쓸했다. 다행히 보낸 물건들이 큰 금액은 아니었기 때문에 좋은 수업료를 냈다고 생각하고 대금을 받는 건 포기하기로 했다. 당시에는 우리 회사에 맞는 시스템을 만들어야겠다는 생각이 가득 차서 후속 조치를 할 생각은 못 했는데, 코트라(KOTRA)에는 수출대금미결제 조사, 수출대금보험 등의 제도가 있어서 필요한 사람은 도움을 받을 수 있다고 한다.

무역거래를 할 때는 직거래에서 문제가 생길 것을 대비해 금융기관을 매개로 거래한다. 구매처에서 금융기관에 대금을 예치하고 내가 물건을 보내면 구매처에서 잘 도착했다고 확인하고 금융기관에서는 나에게 대금을 최종 보내주는 시스템이다. 그런데 문제는 거래를 많이 하다 보면 급하다는 이야기를 듣고 물건을 먼저 보내게 되는 경우도 생긴다는 것이다. 그때가 바로 사기를 당하거나 문제가 생기기 딱 좋은 상황이다. 더욱이 장기 거래처이면서 신뢰 관계가 형성돼 있는 경우라면 '주겠지' 하면서 확인을 하지 않아서 대형 사고로 이어질 수도 있다.

이때 만약 내 창고가 아닌 곳에서 보관비를 내면서 영업을 하는 회사라면 비용을 줄이기 위해 대금 확인 없이 물건을 먼저 보내려는 욕심이 생길 수도 있다. 다른 매입 물건을 들이기 위해서 공간을 비워야 할 상황일 때 이미 구두로 계약이 된 물건을 내보내고 싶은 마음이 생길 것이다. 그렇게 원칙에서 벗어난 일이 발생했을 때 대금을 못 받고 물건을 떼이는 일이 생길 수 있다.

🖳 베트남에서 대금을 떼이고 깨달은 것

해외 시장을 뚫어보자고 호기롭게 시작했던 베트남과의 거래가 좋지 못한 결과로 끝난 뒤, 나는 물건이 필요한 바이어들이 직접 우리 회사를 찾아오는 시스템을 만들기로 했다. 물건을 보냈는데 아무리 기다려도 대금을 받을 수가 없는 상황을 또 겪을 수는 없었다. 내가 현지로 직접 가서 뛰어다닐 일이 아니라 물건 준비만 해놓으면 아쉬운 사람들이 알아서 찾아오는 모습을 그린 것이다. 그렇게 되려면 '월드메모리에 가면 내가 원하는 물건이 항상 있다'는 상태를 만들고 알리면 됐다.

"소문 듣고 왔어요. 컴퓨터 중고 부품 많이 공급해줄 수 있습니까?" 지금은 찾아와서 이렇게 묻는 바이어들이 많이 생겼다. 안산에 살고 있다는 방글라데시 여성 사업가도 그중 한 명이었다.

방글라데시에 있을 때도 큰손이었다고 하는데, 월드메모리의 중고 부품을 한동안 많이 수입했던 분이다. 지금은 현물경제를 아는 사람으로서 자국의 무역협회 같은 곳에서 임원으로 활동하고 있다.

수출 시장의 경우 2021년 기준으로 30~40%는 필리핀으로 수출되었다. 지리적으로 가까워서였을 것이다. 필리핀에 이어 베트남(전체의 20~30%), 중국(전체의 10~15%)에도 많은 물량이 나가고 있다. 나머지는 인도네시아, 말레이시아, 파키스탄, 인도 등인데, 거리에 따른 물류비용의 영향을 받는다.

초창기에는 나이지리아에서도 바이어들이 직접 찾아왔는데, 코로나19 팬데믹, 우크라이나 전쟁 등의 변수가 생긴 이후로는 물류비가 3~4배로 뛰면서 멀리까지 가는 게 쉽지 않은 일이 되었다. 그런 물류비에 직접적인 영향을 받지 않기 때문에 우리 회사는 이제 부담을 덜 느끼며 일할 수 있게 되었다.

중고 컴퓨터 업계에서 수출을 하는 업체 중에는 중간 거래처를 통한 매입을 해서 해외로 보내는 곳도 있다. 우리 회사는 이런 곳에도 수출 물량을 공급해주고 있다. 만약 이들 업체를 배제하고 직접 수출 거래를 하려고 하면 할 일이 무척 많아지는데, 마진은 조금 줄어들더라도 리스크 관리 면에서 각자의 강점에 집중하는 것이 훨씬 이득이라 판단하고 있다.

▓ 바이어가 직접 방문해서 구입하는 시스템

매입에 강점이 있는 우리로서는 수출 오더를 잡아놓고 그때부터 시장에서 물건을 긁어모아서 맞추려고 안절부절할 필요가 없다. 그 점에 착안해서 지금의 찾아오는 시스템을 만든 것이다. 바이어가 와서 당일로 결제를 해주기 때문에 수출대금을 못 받을 걱정도 없다.

매입해온 컴퓨터의 테스트가 끝나고 다시 사용될 준비를 마친 부품들은 우리 물류센터에 전시되어 출고를 기다린다. 그중 70%가량의 부품이 수출된다. 수출로 출고되는 것들은 주로 낮은 사양인데 교육용 컴퓨터에 쓰인다고 한다. 한국에서는 필요가 없어진 컴퓨터이지만 다른 곳에 가면 꼭 필요한 곳에 쓰이게 된다.

동남아시아의 인터넷망은 예전보다 늘어나 사용자 수가 2020년 4억 명을 기록했다. 2020년 한 해만 해도 처음으로 인터넷을 사용하기 시작했다는 사람이 4,000만 명이었다고 하는데, 그중 상당수가 필리핀, 말레이시아, 인도네시아였다고 한다. 필리핀은 최근에 글로벌 기업들의 외주업체로 전 세계 시장을 상대로 한 콜센터가 많이 생겨나면서 컴퓨터의 수요도 늘어났다. 영어권이라서 추가적으로 교육비가 안 들어가니까 필리핀에서 그런 산업이 커지고 있는 것 같다.

필리핀의 경우에는 한국인이 현지로 가서 중간 유통을 하는 경우를 많이 봤다. 우리 회사와 오랫동안 거래하고 있는 사업가

한 분도 컨테이너에 선적해 필리핀으로 가져가서 현지인에게 파는 중개무역을 하고 있다. 용산에서 소매점을 하던 분인데 필리핀에서 중고 시장을 본 이후로 오랫동안 이 일을 하고 있다.

우리 회사는 수출 덕분에 매입 분야에서 업계 탑을 유지할 수 있었다. 대규모의 물량을 갖추고 있는 것이 바이어의 직접 방문을 유도하고 그 덕분에 또 매입량이 늘어나는 선순환으로 기능했다. 매입 물건을 최대한 많이 확보해서 테스트를 끝낸 상태로 준비해놓기 때문에 이게 가능하다. 물량이 없는 상태에서 "구해다 줄게요"라는 식의 예약판매가 되면 사고가 생길 가능성이 있다. 그러나 이미 물건을 갖춰놓은 상태라면 바이어가 원할 때 와서 확인하고 바로 결제하기 때문에 대금을 떼인다든가 하는 상황을 겪지 않아도 된다.

Re
New
All

2평짜리
계단 밑 창업에서
매출 500억 원
벤처기업으로

막내 배달 사원,
돈의 흐름을 보다

　내가 월드와이드메모리를 창립하던 2000년대는 조립 PC가 성행하던 때였다. 1998년 발매된 실시간 전략게임인 스타크래 프트와 함께 PC방 붐이 일었던 때와 겹친다. 1997년 우리나라에 외환위기가 닥쳐 IMF 구제금융 요청을 했던 후에 정부가 위기 타개의 방법으로 선택했던 초고속인터넷이 전국적으로 깔렸기 때문에 가능했다. PC방이 전국적으로 퍼지는 데는 불과 5년이 안 걸렸던 것 같다. 외국인 투자자들도 PC방을 보고 인터넷 비즈니스를 시찰하면서 깜짝깜짝 놀라던 시절이었다.

　이런 상황은 용산의 메모리 딜러 시장에도 영향을 주었다. PC방에는 컴퓨터가 대량으로 필요했고 조립 PC에 들어가는 메모리 수요도 낭연히 크게 늘어났다. 용산은 그야말로 엄청난 호황을 맞고 있었다.

1999년에 나는 용산의 작은 컴퓨터 메모리 유통회사에 신입
사원으로 들어갔다. 막내 말단 사원이었는데 처음에 주로 하던
일은 배달이었다. 전자상가 내에는 조립 PC 업체들이 많았고,
내가 다니던 회사는 그곳 업체들에 메모리를 공급해 주었다.

메모리는 대만이나 일본 제품도 있었지만 주로 삼성, 현대반
도체(지금의 하이닉스) 제품이었다. 삼성 같은 제조사는 메모리를
직접 유통시키지는 않아서 1차 딜러, 2차 딜러가 있는 식이었다.
큰 업체들은 용산전자상가 근처에 회사가 있었고, 2차 딜러인
작은 유통사들은 거의 전자상가 안에 둥지를 틀고 있었다. 수입
의 경우에는 총판을 맡은 큰 회사가 있고, 그 물건이 또 전자상
가 안으로 들어오는 구조였다.

컴퓨터도 마찬가지다. 삼성 같은 제조사가 만들지만 유통은
하이마트 같은 곳이 담당하며, 그곳에서 소비자들이 사간다. 컴
퓨터의 경우에도 삼성 같은 제조사가 하이마트에 직접 유통하는
것이 아니라 중간에 밴드들이 있다. 일반 소비자가 구매하러 가
는 소매점에 제품을 공급하는 유통사들이다.

▥ 2년 만에 배달 사원에서 딜러로 발탁되다

컴퓨터를 구매하기 위해 고객이 용산전자상가의 한 매장에
들어가서 상담을 받고 컴퓨터를 사겠다고 결정하면, 거기에 맞
게 조립하기 위해서 부품이 필요하다. 메모리는 컴퓨터 안에 들

어가는 주요 7개 부품 중에 하나다. 내가 일하던 딜러 업체는 메모리 하나만 유통하는 회사였다. 컴퓨터를 조립해서 파는 거래처에서 "2GB 메모리 10개 갖다주세요"라는 식으로 주문이 들어오면, 해외에서 수입한 메모리나 국내 총판에서 받아온 메모리를 배달해 주는 게 나의 업무였다.

거래처를 다니면 나는 항상 인사를 하고 다녔는데, 인사성이 밝고 친절하다고 사장님들께 칭찬을 많이 들었다. 용산에서 일하기 전에 미용 일을 배운 적이 있었는데, 말주변이 없어서 그런지 적응을 잘 하지 못했다. 그런데 용산에서는 일이 재밌고 사람 만나는 것도 좋았다. 내 사업은 아니었지만 일이 있다는 게 즐거웠기 때문에 그냥 웃고 다녔다.

막내였던 나는 가게 문을 열고 닫는 일도 책임졌다. 한마디로 잡일을 주로 했고, 배달 사원이었기 때문에 발은 항상 혹사당할 수밖에 없었다. 발톱이 살을 파고들어 염증과 통증이 생기는 내성발톱이 생기기도 했다. 발 전체에 사마귀가 생길 만큼 열심히 다녔다. 그래도 어려서 그랬는지 힘들다는 생각은 하지 못했다.

당시 거래처에 납품을 하면 컴퓨터 판매 후에 저녁이 되면 결제를 해주었다. 수금을 갔다 오면 입금표 꾸러미를 고무줄로 묶어 가방 안에 한가득 받아오곤 했다. 그게 너무 많아서 회사에 갖다놓고는 또 나가서 수금을 하러 돌곤 했다. 그 정도로 업계는 호황이었다. 그때 내게도 돈의 흐름이 보인 것 같다. 한 종류의 메모리를 팔고 이익을 남기고 나서 그걸로 다시 물건을 사고 또 이익을 남기는 현장을 본 것이다.

메모리는 그때만 해도 가격 변동이 심했다. 어떤 품목을 팔아 100만 원의 이득이 남았는데 그날 거기서 끝나는 것이 아니라 그 돈을 계속 굴리는 것을 보았다. 하루 만에 이득으로 남은 돈 100만 원이 다시 300만 원이 되기도 하는 걸 목격한 것이다.

메모리 가격은 내려가기도 했지만 하루 만에 오르기도 했다. 가격이 쌀 때 사놓으면 다음날 갑자기 가격이 30~40% 오르는 일이 있었다. 떨어질 때는 또 그만큼 많이 떨어졌기 때문에 물량을 얼마나 확보해놓을지 결정하는 것은 중요한 일이었다. 가격이 오를 것 같으면 많이 사놓아야 했지만, 가격이 떨어질 것 같으면 많이 사놓는 것이 손해였다.

일을 빨리 배웠던 나는 2년 만에 딜러로 발탁됐다. 거래처 관리를 하면서 주문을 받고 그 내용에 따라 배달 사원에게 지시를 했다. 영업도 했지만 가격 협상도 직접 했다. 가격의 등락을 예측해 구매 수량을 조정하는 것에도 점차 감을 익혀갔다.

🖳 가격 변동을 가져온 그때 그 시절의 치킨 게임

2000년대에 메모리 가격이 오르락내리락했던 것은 대만 업체들이 시작했던 치킨 게임(어떤 문제를 둘러싸고 대립하는 상태에서 서로 양보하지 않다가 극한으로 치닫는 상황) 때문이었다. 1970년 시작된 D램 역사에서 두 차례의 치킨 게임이 있었다. 2007년 대만의

D램 업체들이 앞다퉈 생산량을 늘리며 1차 치킨 게임이 발발했다. 서로 가격을 내리는 극단적 가격경쟁에 나선 데다가 글로벌 금융위기가 겹치면서 2009년에는 512메가비트 DDR2 D램 가격이 0.5달러까지 내려갔다. 이건 3년 전 대비 10분의 1에도 못 미치는 가격이었다. 2년간 눈물 나는 출혈경쟁이 이어진 끝에 2009년 세계 2위였던 독일 키몬다(Qimonda)가 파산함으로써 치킨 게임은 마무리되었다.

키몬다는 2008년부터 당기순손실이 매출액을 초과할 정도였는데, 2007년 3분기부터 2008년 4분기까지의 누적적자가 25억 유로(약 3조 3,400억 원)에 달하자 백기를 들었다. 같은 시기에 대만의 파워칩은 5,900억 원 매출에 5,900억 원 손실, 난야는 4,500억 원 매출에 3,500억 원 손실이었다. 한마디로 팔면 팔수록 적자가 커졌던 것이다.

2010년에는 대만과 일본의 반도체기업들이 생산설비 투자와 증산을 선언하면서 2차 치킨 게임이 발발했다. 그 결과 1기가비트 DDR3 D램 가격이 2010년 10월 1달러 밑으로 떨어졌다. 당시 세계 3위였던 일본의 엘피다는 이미 1차 치킨 게임 때 2,000억 엔(약 2조 900억 원) 적자를 냈다가 정부 공적자금으로 기사회생한 상태였다. 그러나 두 차례 치킨 게임으로 결국 2012년 파산하고 말았고, 이로써 일본의 반도체 기업이 모두 사라졌다.

2000년대 봉산에서는 삼성이나 현대반도체가 수류였다. 공급하기에도 좋았고 인지도도 역시 좋았다. 1990년대 후반부터 우리나라 가전제품의 품질은 급상승하는 분위기였다. 거기다가 AS의 편리성이 좋아서 외국산을 쓰다가 나중에 문제가 생겨도 어찌할 수 없는 상황이 되느니 국산이 낫다고 사람들은 인지하고 있는 상태였다.

그런 호황 속에서 내가 일하는 회사도 매출이 좋았다. 거래하는 소매점들을 모두 합하면 300~400군데였다. 그중 상시 주문이 들어오는 업체는 150군데 정도 됐고, 지난달은 주문이 없었지만 이번 달은 주문이 있었던 곳까지 합하면 300곳이 넘었다. 수금도 하루에 150군데 정도 들어왔다. 돈의 흐름만큼 내가 일을 배우는 속도도 빨랐다.

유통업체에게
돈을 벌어다 주는
핵심 정보들

2년 만에 나는 배달 사원에서 딜러가 되었는데, 이제는 돌아다니는 것 대신 사무실에서 주문을 받고 물건을 챙기고 수금이 들어온 것을 확인했다. 하루에 유통되는 메모리의 양이 한 트럭은 되었던 것으로 기억한다. 하루 거래량을 계산하고 있어야 어느 정도 물건을 갖다놔야 하는지도 알 수 있었기 때문에 그것은 중요한 수치였다.

그때나 지금이나 유통은 자금력 싸움이다. 가격이 떨어지는 추세일 때는 재고를 적게 가지고 있어야 하고, 가격이 오르겠다는 판단이 들면 몇만 개씩 사고는 했다. 평상시에 가격이 내려가는 분위기라면 재고를 1,000개 미만으로 갖고 있는데, 환율 변동이나 특별한 이슈가 있으면 재고를 많이 들여놨다. 당장 필요하지 않아도 보관해놓는 것이다. 그게 가능하려면 자금이 뒷받

침돼야 한다. 가격 변동의 흐름에 맞게 조치를 취했을 때는 돈을 많이 버는데, 흐름을 잘못 파악했을 때는 손해를 본다. 당장 필요하지 않은데 미리 사놓았을 때 예상과 다르게 가격이 더 떨어지면 손실이 나는 것이다.

딜러는 주문받고 공급을 조정하는 일을 했지만, 대량 건들은 자금이 크게 움직이는 것이기 때문에 사장님 소관이었다. 어떤 날은 사장님이 엄청나게 물건을 많이 사들이는 걸 지켜봤다. 상황을 들여다보면 그런 날에는 여러 업체들과 통화를 하다가 어떤 정보가 들어온 것이었다. 이런 것들은 돈 버는 핵심 정보였다.

총판에서 이번 달에는 '이 정도 양밖에 안 푼다' 또는 '더 많이 푼다', '홍콩에서 3일 후에 몇만 개가 들어오는데 미리 살래?' 같은 대화가 오가면 판단을 내려야 한다. '그 정도 양이 국내에 유입되면 가격이 떨어지겠다'와 같은 판단을 하는 것이다. "선적하고 3일 뒤에 물건이 들어오는데 그러면 시장에 공급량이 넉넉해져서 시세가 떨어질 거야." 사장님도 그런 얘기를 하시곤 했다.

이때는 가격 하락에 대비해 빨리 재고를 팔아내고 더 싼 걸 잡아내야 할지 결정해야 한다. 더 떨어질 수도 있기 때문에 바닥이 어딘지 알아야 하는데, 각자의 감을 믿는 수밖에 없다. 이건 맞을 때도 있고 안 맞을 때도 많다. 주식이 떨어질지 오를지 판단하는 것과도 같다.

사장님이 어떤 상황에 어떤 판단으로 이익을 남기는지 바로 옆에서 보니까 돈의 흐름을 볼 수 있었다. 지금 100만 원어치를 사면 그게 내일은 200만 원이 되고 다음날엔 300만 원이 되는 현장을 보며 감을 익혔다.

🖥️ 가격이 오르내릴 때 고려해야 하는 것들

어떤 날은 이런 일도 있었다. 아침에는 가격이 100원이었는데 점심에는 200원이었다가 퇴근할 때는 300원이 되었다. 뭔가이슈가 발생하면 현물 가격이 마구 올랐다. 소매상에서도 물건을 확보해놓기 위한 움직임이 생기는데, 100개씩 사가던 소매점들이 1,000개씩 사가는 경우가 있다. 그러면 가격을 올려서 팔게 된다. 10개씩 사던 곳도 반나절 사이에 가격이 오르면 "최 대리, 500개만 확보해줄 수 있어?" 할 때가 있다. 이런 날 오후에는 오전보다 오른 가격으로 거래가 된다.

이런 상황을 예측해서 시세차익을 얻는 것은 그만한 수량을 미리 확보해놓았던 때에만 가능하다. 평소에 120원짜리였는데그날 아침에는 150원에 팔고 오후에는 다시 200원이 될 수도 있었다. 그러면 보통 때 10원 마진이었던 것이 50원 마진이 될 수도 있다. 가격과 수요 예측을 하지 못했고 미리 물량 확보를 하지 못했다면 마진은 없다. 이렇게 메모리 가격이 올라가면 소매점에서 판매하는 조립 PC 소비자가도 결국에는 오르게 된다.

메모리뿐 아니라 다른 컴퓨터 부품 가격이 올라가는 경우에도 마찬가지다. 2017년 5월경부터 전 세계적으로 비트코인 채굴에 대한 관심이 급증하자 그래픽카드의 가격이 치솟았던 일이 있었다. 비트코인을 얻기 위해서는 암호를 해독해야 하는데 그것은 정해진 해시함수 값보다 적은 해시값을 얻을 때까지 무한히 연산을 반복해야 하는 일이고, 그것을 위해 가장 최적의 성능을 가진 그래픽카드가 필요했기 때문이다. 당시에 50만~60만 원 하던 것이 150만~200만 원까지 올랐을 정도였다.

이런 일들은 공급보다 수요가 늘어났기 때문에 가격이 오르는 현상이다. 비트코인 채굴이 유행하자 수요가 늘어난 것이다. 채굴장에서 찾는 사람이 많으면 컴퓨터 소비자들에게 돌아갈 부품이 채굴장으로 납품된다. 그러면 컴퓨터 쪽으로 공급이 달리기 때문에 덩달아 컴퓨터 소비자가도 계속 오르게 된다.

2020년 3, 4월에는 국내의 컴퓨터 케이스 가격이 올랐던 일이 있다. 가격 경쟁력으로 인해 컴퓨터 케이스가 거의 중국산인데, 코로나19가 심해지면서 중국 공장들이 다 문을 닫았기 때문이다. 예를 들어 원래는 1만 원짜리를 들여서 1,000~2,000원 마진을 남기고 팔았는데, 국내에 들어오는 가격이 계속 오르면 재고를 갖고 있던 사람들은 2만~3만 원으로 올려 팔기 시작하는 것이다.

🖥 사업 규모를 키워야 매입도 유리하다

내가 월드와이드메모리를 창립했던 초기에는 메모리만 취급했지만, 점점 품목을 늘려 지금은 컴퓨터 부품 7개 모두 다룬다. 케이스, CPU(쿨러 포함), 메모리(RAM), 디스크 저장장치(SSD 또는 HDD), 그래픽카드, 파워 서플라이, 메인보드 등이다.

7개가 모두 가격 등락이 동시에 오는 경우는 드문데, 2020년 3~4월에는 세계의 공장이라 부르는 중국 공장이 멈추니까 모든 공급이 달렸던 적이 있다. 보통은 특정 부품에 대한 이슈가 있지만, 코로나19로 인한 중국 봉쇄로 물류가 제대로 돌아가지 않았고 모든 게 멈췄기 때문이다.

20년 동안 컴퓨터 업계에 있으면서 이때처럼 공급난이 심했던 적이 없었다. 얼마나 심각했는지 어느 컴퓨터 업체 중에는 너무 안 팔려서 악성 재고로 남아 있던 패드(태블릿)까지 다 팔았다는 곳들도 있었다. 학생들의 온라인 수업, 직장인들의 재택근무 때문에 PC, 노트북, 패드 등 디지털기기들의 수요가 늘어나면서 일어난 현상이다. PC 값도 올라서 가성비 좋은 중고 PC를 사는 사람들도 많았다.

용산전자상가 안에는 총판에서 공급받는 딜러 업체들이 몇십 개가 있다. 그래서 거래하는 소매점에서 달라는 물량이 커서 우리 회사에 재고가 모자라면 다른 유통사(딜러 업체)에 전화해서 물건을 당겨오기도 한다. 소매점 입장에서도 부품을 공급받기 위해 여러 유통사와 거래하는 경우가 대부분이다. 아침에 체크했을 때 A사는 150원이었는데 점심에 B사는 120원에 판다고 하면 그곳에서 추가 공급을 받을 수도 있는 것이다. 따라서 다른 유통사는 거래처이면서 동시에 경쟁업체다.

지금은 전산으로 자동화가 돼 있지만 2000년대 당시에는 모두 전화로 주문을 하고 단가를 체크해 일일이 노트에 적어놓았다. 다른 거래처 겸 유통사들이 소매점에 얼마에 팔고 있는지 체크 해두어야 하는데, 단가를 조절해서 다른 유통사보다 낮춰 파는 융통성을 발휘하기 위해서다.

내가 딜러로 일할 때는 메모리만 취급했다 해도 실제 상품은 여러 가지였다. 1GB, 2GB, 4GB, 8GB 등 기가 수도 다르고 제 조사도 여러 곳이 있어서 품목별로는 60여 가지 상품이 있었다. 그중에 현재 마진이 좋고 인기상품인 품목만 다루면 미래에 대 비할 수가 없다. 시대와 상황이 바뀌면 언제 달라질지 모르기 때 문이다. 그래서 딜러는 일종의 MD(머천다이저) 역할도 겸했다.

이때 내가 알게 된 또 한 가지 중요한 사실은 규모를 키우면 이익을 키울 수 있다는 점이었다. 우리 회사에 재고가 모자랄 때 다른 유통사에서 물건을 사오고도 이익을 남길 수 있는 것은 소 매점에 공급되는 가격보다 싸게 살 수 있기 때문이다. 그게 가능 한 것은 대량으로 구매하기 때문이다. 만약 이때 현금이 달리면 50원씩 더 비싸게 사기도 했다.

> "중고 사이트에
> 올라온 메모리,
> 네가 사올래?"

　딜러로 일하고 있을 때 고향 친구랑 같이 생활한 적이 있다. 내가 혼자 살고 있으니까 자주 놀러왔고 나중에는 같이 살게 되었다. 우리는 용산역 국제빌딩 뒤에 있는 쪽방에서 지낸 적도 있는데, 사장님이 그걸 보고 목동에 있는 반지하방을 소개해줘서 옮겨갔다.

　나는 '다나와' 사이트를 보고 아이디어가 하나 떠올렸고, 이 친구가 나보다 컴퓨터를 더 잘 알았기 때문에 중고 장사를 해보자고 제안했다. 거래처 중에 다나와에 나와 있는 중고 물품을 사다가 부품을 분리해 파는 곳을 봤기 때문에 떠올린 것이다. 친구가 다나와를 보면서 물품들을 찾고 직접 거래자와 만나 사가지고 오면 우리 회사에서 매입해 주는 식으로 해보기로 했다.

　2000년에 등장한 다나와는 온라인 가격비교 서비스를 제공하는 사이트로, 용산전자상가의 업체들로부터 컴퓨터 부품 시세 정보를 받아서 사이트에 공개했다. 다나와가 등장하기 전까지는 조립 PC를 사기 위해 소비자가 발품을 팔면서 돌아다녀야 했고, 컴퓨터를 좀 아는 사람을 대동하고 구매에 나서지 않으면 85만 원짜리 사양을 160만 원에 사게 되는 일도 있었다. 일부 소매점들의 배짱 장사나 가격 담합 시도가 문제가 된 적도 있다.

그러다 보니 초창기에는 최저가 공개가 이윤을 깎아 먹는 일이라고 생각해 용산의 소매점들이 다나와 입점 거부, 최저가 제시업체 견제 등의 행동에 나선 적도 있다. 그러나 대세가 되면 시대를 거스르기는 힘든 법이다.

친구는 다나와 중고장터에서 중고 컴퓨터를 찾으면 지하철을 타고 다니면서 사가지고 와서 우리 회사로 팔았다. 중고 시장이 조금씩 커지고 있었기 때문에 회사 차원에서도 이득을 볼 수 있었고, 친구도 알바비를 벌 수 있어서 좋았다.

어느 날은 부산에서 비싼 메모리를 100개를 판다고 했다. 그때는 친구와 내가 같이 부산까지 가서 메모리를 사고 고향 정읍에 들러서 회사로 왔던 기억도 있다. 한두 달 정도 이 일을 하다 보니까 중고 시장은 내게 새로운 틈새시장으로 확실해 보였다. 얼마 후 나는 회사를 그만두고 나와서 내 사업을 하기로 했다.

🖳 중고 시장이 보이자 독립할 용기가 났다

나는 계단 밑에서 창업을 시작했다. 용산전자상가 안에는 큰 유통사가 있었고 작은 딜러 업체들도 있었다. 독립하기로 결정은 했지만 자금이 많지 않으니까 크게 차릴 수는 없었고, 딜러 업체들 중에서도 가장 작은 업체를 차린 것이다. 오랜 기간 일을 배웠다고 할 수는 없지만, 그동안의 노하우로 나 혼자 딜링을 해보기로 했다. 달라진 점이 있다면 그전까지는 신품 부품만 유통했다면 독립하고부터는 중고 부품 유통을 같이 하기로 했다. 지금 생각해 보면 당시에 어떻게 그런 용기가 생겼는지 모르겠다.

내가 독립한 공간은 사실은 점포 공간이 아니다. 의류상가 같은 곳에 가보면 점포들이 꽉 차 있는데 입구 쪽에 열쇠집 같은 공간이 있다. 말하자면 그런 곳이었다. 전자상가에 들어서면 내려오는 계단 밑에 2평 남짓한 작은 짜투리 공간이 있는데, '계단 밑 창업'이란 말은 그런 작은 공간에서 시작했다는 의미다. 그때의 상호가 '월드메모리'였다. 지금은 메모리 외에도 다른 부품들을 다루지만 상호는 여전히 '월드와이드메모리'다.

유리문을 열고 들어가면 공간이 조금 있고 또 한 번 문을 열고 들어가면 전자상가다. 그 사이 공간은 여름에는 유난히 덥고 겨울에는 찬바람에 노출되는 곳이다. 손님들이 계속 왔다갔다 하기 때문에 "제발 문 좀 닫아주세요"라는 말을 입에 달고 살아야 한다. 좁은 공간이라 책상 하나만 놓으면 꽉 차는 공간이었다. 계단 쪽에는 수납장을 하나 놓고 썼는데, 내가 앉은 곳에서 뒤돌면 또 다른 딜러 업체 사장님이 앉아 있었다. 그분과 월세를 반씩 내고 공간을 공유한 것이다. 요즘 말로 셰어 오피스다.

처음에 회사를 그만두고 나온다고 했을 때 같이 동업해 보자고 제안해주셨던 분들이 있었다. 그런데 "그냥 내 옆에 와서 해. 월세 30만 원씩 나눠 내면 되지 뭐"라고 해주었던 분이 있었다. 그렇게 같이 일하면서 도움도 많이 받았다.

1년 만에 처음에 점포를 열었던 입구 쪽 자리에서 상가 안쪽으로 옮겨가게 되었는데, 그 이유는 결정적으로 보안상 취약점이 있었기 때문이다. 셔터를 내린다고 해도 도난 위험이 컸다. 지금처럼 세콤 같은 보안업체가 있는 것도 아니었다. 그러던 와중에 작은 딜러 사장님들이 안쪽에 6평짜리 공간을 같이 얻어서 4개 업체가 나눠 쓰자고 제안을 한 것이다. 샵인샵 같은 개념이었다.

그런데 여기서도 몇 개월을 버티지 못했다. 옆에서 담배를 너무 많이 피워서였다. 그때만 해도 실내 금연의 개념이 없어서 자기 사무실 안에서 담배를 폈다. 4개월 정도 지났을 때 담배 연기에 몸이 안 좋아졌다는 걸 느끼고 있던 차에 민 이사라는 분이 동업을 제안했다. 작은 업체들이 모여 있어서 정보 노출의 문제까지 느끼고 있던 차에 나는 찬성했다. 그때 처음으로 독립 공간을 얻어 4평 정도의 사무실에서 둘이서 일을 시작했다.

용산전자상가는 대체로 공간이 그런 식으로 작게 쪼개져 있었다. 사실 전화기 한 대, 컴퓨터 한 대만 있으면 되니까 가능한 일이었다. 메모리는 부피가 작기 때문에 매장에 쟁여놓아도 공간을 그다지 크게 차지하지 않았다. 메모리를 다루는 업체가 많은 이유는 컴퓨터 부품 중에 가장 작다는 이유도 있었다. 케이스를 500개씩 놔두기에는 공간이 협소하지만, 메모리는 1,000개씩 놔두어도 괜찮았다. 소자본으로 할 수 있으면서도 공간을 적게 차지하니까 좋았다.

🖥 다나와를 보고 중고 시장을 읽었다

내가 초기에 메모리에만 집중할 수 있었던 것은 공간을 덜 차지하는 것도 있었지만, 가격 변동성이 커서 이익이 많고 자금 회전이 빨랐기 때문이다. 아침에 물건을 갖다주면 저녁에 수금해 올 수 있어서 현금흐름이 좋았다. 다른 컴퓨터 부품 중에는 마진이 좋지만 자금력이 필요해서 여신을 깔아야 하는 것들이 있었다. 그 대신 여신으로 얽혀 있으면 한 번 거래한 업체가 계속 거래하게 된다.

케이스의 경우에는 마진이 나쁘지 않지만 재고를 보관할 넓은 공간이 필요하다. 메모리는 컴퓨터 안에 들어가 있으니까 안 보이지만, 케이스는 외형적으로 디자인의 영향을 많이 받는다. 고객이 "저 케이스 예쁘다" 하고 꽂히면 재고가 없다고 다른 걸 권해도 잘 안 통한다. 그래서 케이스는 내 브랜드를 달고 히트하면 크게 매출을 낼 수 있다. 자기 브랜드를 달고 케이스를 제작한 회사 중에는 상장까지 간 곳도 있다. 자금력을 갖추고 규모를 키울 수 있는 회사에서 다룰 수 있는 품목이 케이스다.

CPU나 그래픽카드도 자금력이 있어야 한다. 메모리는 1만 원대부터 10만 원대까지 있지만, 그래픽카드는 20만~30만 원대, 30만~40만 원대로 올라가서 우리 같은 작은 딜러 업체들이 다루기에는 무리가 있었다. 그래도 1년 매출 규모는 2003년 혼자 할 때는 7억~8억 원이었다. 한 달에 400만~500만 원 순이익을 벌었기 때문에 월급받는 사람보다는 나았다. 민 이사님과 동업을 하면서부터는 자금력이 더 커지면서 직원을 4~5명 뽑게 되었고, 1년 매출 규모는 20억~30억 원으로 커졌다.

독립하기 전과 달라진 점은 중고품 매입을 하게 됐다는 것인데, 품목도 처음에는 메모리만 했지만 CPU도 손대게 되고 다른 것도 다루면서 규모를 늘려갔다. 지금은 좀 달라졌지만 당시에는 아직 중고 시장에 많은 사람들이 뛰어들기 전이었다. 내가 찾은 블루오션이었다.

전자상가에서는 당시에 중고 시장에 대해 '북간도'라는 말을 썼다. 큰 건물 안에서 대부분이 신품만 취급하는 매장이었고, 한쪽에서만 중고 컴퓨터를 취급했다. 잘 하지 않는 품목을 다루는 어려운 곳이라는 뜻으로 추운 지방을 뜻하는 북간도라는 말을 쓴 것이다. 그러다 이 카테고리가 점점 커지더니 지금은 모두 중고 시장이 들어와 있다. 신품은 큰 곳만 남았고 신품 소매 시장은 모두 온라인으로 바뀌었다. 20년 사이에 달라진 풍경이다.

동업으로 규모를 키우면서부터 우리 회사는 중고 컴퓨터 시장으로 방향을 크게 돌렸다. 그때부터는 CPU, 메모리, HDD 중고 부품을 많이 다뤘다. 중고 부품 유통으로 규모가 커지면서부터는 공간이 더 필요했고 인력도 많이 필요해졌다. 매입한 중고 컴퓨터를 해체해서 부품마다 상태를 테스트해야 리사이클이 가능했기 때문에 그 업무를 수행할 직원이 많이 필요했다. 중고 부품은 매입하고 바로 팔 수 있어서 회사를 성장시키기에 적격이었다. 메모리의 경우에는 보증 기간이 남았으면 제조사의 AS를 받을 수도 있었다.

창업 초기에 내 친구는 다나와 중고장터에 나온 컴퓨터를 판매자에게 사와서 내게 팔곤 했다. 그러나 그렇게 개인에게 하나씩 사는 걸로는 규모의 경제를 만들 수가 없었다. 지속적인 매입이 있어야 수익을 유지할 수 있는데 운에 맡길 수는 없었다.

당시에 중고 컴퓨터를 매입하려는 업체들은 커뮤니티 사이트에 줄광고를 많이 했다. 2000년대 초반에는 천리안 커뮤니티도 아직 활발할 때였다. "CPU, 메모리 최고가 매입합니다" 이런 식으로 줄광고를 카페 글들 사이사이에 복사해서 붙여놓았다. 돈 안 들이고 하는 광고인 셈이다. 내가 고등학생이었던 1995년에 나 또한 천리안에서 컴퓨터 부품 판다고 글을 올려놓고 입금받은 후에 택배로 보내줬던 기억이 있다. 이게 사람들이 보편적으로 많이 하는 방식이었다.

우리 회사도 처음에는 줄광고에 "팝니다" 글이 올라오면 "내가 살게요" 의사 표시를 하고 지하철 타고 가서 매입하거나 "택배로 보내주세요" 하는 식으로 매입했다. 그러나 개인 소비자를 한 명씩 찾는 건 너무 느린 방법이어서 중고 컴퓨터 매입을 획기적으로 늘릴 수 있는 방법을 고민했고, 다나와 사이트에 배너광고를 하기로 했다. 그리고 매입 단가를 오픈했다. 아마도 유료 배너광고를 하면서 매입에 나선 곳으로는 우리 회사가 업계 최초였을 것이다. 한 달에 500만~1,000만 원씩 광고비를 썼다. 이후로는 다른 업체들도 광고 매입 방식을 따라하기 시작했다.

📟 "쓰지 않는 컴퓨터, 저희가 삽니다"

"컴퓨터 부품 최고가에 매입합니다"라는 배너광고를 지속적으로 띄우다 보니까 용산의 우리 매장에는 손님이 끊이지 않았다. 나는 계속 전화를 받고 있고 한쪽에서는 테스트하고 바깥에는 컴퓨터를 팔기 위해서 온 손님들이 줄을 설 정도였다. 그래서 1년 만에 매장을 3개로 늘리게 됐다. 한 매장이 5평 정도의 공간이었고 총 3군데로 넓힌 것이다.

당시 용산전자상가는 1층, 2층, 3층 중에 메인 층이 2층이었다. 1층은 살짝 꺼져 있는 듯한 구조라서 사람들이 2층으로 유입되곤 했다. 2층에는 400개 정도의 매장이 있었는데, 그중에서 모서리에 매장을 내고 중요 입지마다 매장을 늘려갔다.

중고 컴퓨터 매입이 늘어나면서부터는 7개 부품을 모두 다뤘다. 직접 컴퓨터를 들고 와서 팔려는 사람들은 하루에 30~40명 정도였지만, 택배로도 왔기 때문에 총 매입량은 그 이상이었다. 그때는 주로 개인 소비자들 위주의 매입이었는데, 돌이켜보면 20여 년간 일하면서 이때가 가장 재밌게 일했던 시기가 아니었을까 싶다.

사실 당시의 광고비 투자는 진짜 모험이었다. 자금이 넉넉했던 것도 아닌데 먼저 광고비부터 지출한 것이라서 불안한 마음이 없지 않았다. 민 이사님과 동업을 시작한 후였기 때문에 자본금은 늘었지만 기술력이나 유통은 경험이 많지 않았다. 자본력이 많지 않았던 나에게 동업 제의를 했던 민 이사님은 "항상 성실하고 인사 잘하고 친절한 모습을 보고 같이 일하고 싶었다"라고 했다.

민 이사님은 일중독자라고 할 수 있을 만큼 엄청나게 열심히 일하는 분이었는데, 나랑 비슷한 면이 많았다. 성격은 내가 진중하고 정적이라는 평가를 받는 반면, 민 이사님은 말이나 액션이 강한 분이라서 보완이 되는 측면도 있었다. 나는 20대에 창업을 하게 되어 알게 모르게 어리숙한 면이 있었지만, 민 이사님은 나이도 연장자이셨기 때문에 이후로도 10년 동안 함께 일했을 만큼 의지가 됐다.

처음에 불안한 마음을 한편에 두고 시작했던 광고비 투자는 시기적절하게 이익으로 되돌아왔기 때문에 결과적으로 옳은 결정이었다. 나중에는 3개월씩 선점해서 같은 자리에 고정으로 박아놓고 광고를 해서 광고비를 깎아주기도 했던 것으로 기억한다. 광고비 투자는 5배 정도의 영업이익으로 돌아왔고, 회사는 안정적으로 성장할 수 있었다.

▣ "유령회사 아닙니다, 안심하고 파세요"

소비자들이 우리 회사에 중고 컴퓨터를 팔 때 직접 들고 찾아오기가 힘든 경우에는 택배로 받기도 했다. 이때 소비자들에게 신뢰를 주기 위해서 한 가지 조치를 취했는데, 그건 우리 회사 사무실 모습을 있는 그대로 보여주는 것이었다.

2004년 전후에 중고 거래가 활성화되면서 불미스러운 일도 많이 발생했다. 중고나라에서 구매자와 거래를 약속하고 물건을 보냈는데 돈을 안 주고 잠적했다는 사기 사건들이 꽤 많았다. 그러니 개인 판매자 입장에서는 컴퓨터를 보냈을 때 입금은 잘 받을 수 있을지, 상대가 사기꾼은 아닐지 불안할 수 있다.

우리 회사가 유령업체가 아니고 실재하는 회사라는 걸 보여주기 위해 홈페이지에서 영업시간 동안 CCTV를 실시간으로 틀어놓았다. '뭘 믿고 저 업체에 내 컴퓨터를 보내지?' 싶은 마음이 생길 수 있지만, 사무실에서 우리 직원들이 일하는 현장을 직접 눈으로 보면서 정상적으로 영업하고 있는 곳이라는 걸 확인할 수 있었다. 지금은 신품 조립 PC 업체 중에 주문이 들어오면 조립하는 모습을 실시간 영상으로 보여주는 곳도 생겨났지만, 당시로서는 CCTV를 보여주는 곳이 최초였을 것이다.

이 CCTV 영상은 어떻게 보면 사무실 브이로그 같은 모습이었을 것이다. 회사 사무실 위치가 상가이기 때문에 CCTV에서 사람들이 지나가는 모습도 보이고 직원들이 상담하는 모습도 보인다. 스토리가 없고 연출되지 않은 그저 우리가 일하는 모습을 그냥 여과 없이 보여준 것이다. "안심하고 컴퓨터 보내셔도 됩니다. 우리는 컴퓨터만 들고 도망가지 않습니다"라는 사인이었다. 어쩌면 그것이 컴퓨터 팔러 온 사람으로 인산인해를 이룬 이유 중 하나였을 것이다.

그리고 홈페이지에는 매입 단가를 다 오픈했기 때문에 소비자들은 합리적인 가격이라고 이해해주었나. 한 번 팔았던 경험이 있는 분들이 계속 왔다. 개인으로서는 일회성 판매여도 회사의 담당 직원으로서 대량 물량을 문의하기도 했다. 컴퓨터학원 같은 곳들은 주기적으로 컴퓨터를 바꿔주기 때문에 한 번 거래를 트면 또 방문했다. 우리랑 거래를 안 해본 데는 있어도 한 번만 해본 데는 없었다. 다른 데를 또 알아보기 귀찮아서 오는 경우도 있었겠지만, 대량 물량은 직접 방문해서 수거해가고 단가도 다른 데랑 비교해봤자 월드메모리가 더 좋았기 때문이다.

이 시기에는 소소한 운이 따라서 전자상가 앞에서 좌판을 벌일 기회도 있었다. 전자상가 앞에는 사람들이 들어오는 넓은 입구가 있고 그 앞에 빈 공터가 있다. 금요일마다 상가관리인회에서 추첨을 했는데, 상가 앞 공터에서 벼룩시장처럼 장사를 할 수 있게 해주었다. 그 앞에다가 책상 하나 놔두고 컴퓨터 부품을 올려놓고 토요일과 일요일은 길에서 장사를 했다. 메모리를 종류별로 깔아놓고 단가를 붙여놓고 앉아 있으면 중고 컴퓨터를 팔러 오는 사람도 있고 메모리를 사가는 사람도 있었다. 그러다 보면 토요일, 일요일에도 쉬지 못하고 일했지만 현장에서 사고파는 일은 재밌고 즐거웠다.

다나와 배너광고를 통해 개인 소비자들에 대한 매입이 엄청나게 늘었지만, 학원이나 회사 같은 곳에서 내놓는 양도 늘었다. 회사들은 컴퓨터를 주기적으로 바꾸기 때문에 이전부터 대량 물건이 나오곤 했는데, 그런 것들은 출장매입을 했다. 사실 수량이 많다고 하면 직접 가서 한 번에 가져오는 것이 서로에게 편하다.

한편 우리 회사 홈페이지에도 '중고 부품 삽니다'를 배너로 내걸고 매입을 하고 있었는데, 어느 날은 "게임장을 폐업하는데 컴퓨터를 가져가주실 수 있나요?"라고 문의가 들어왔다. 이후로도 이런 매각 건은 자주 들어왔다. 게임기 케이스는 폐기하고 안에 있는 컴퓨터와 모니터를 빼서 가져왔는데, 모니터가 26인치짜리 큰 거였다. PC방을 폐업한다는 경우도 있었기 때문에 기업 대량 매입은 점점 많아졌다.

2006년에 '바다이야기'라는 게임장이 사행성 도박으로 간주되어 사회적 물의를 빚은 적이 있다. 일본의 파친코 게임 시스템을 본떠 만든 것이었는데, 경품으로 상품권을 지급하는 방법으로 운영되었다. 실제로는 사람들이 이 상품권을 '환전소'라는 곳에서 현금으로 바꿨는데, 이것이 문제였다. 중독성으로 인해 전 재산을 탕진하는 사람, 자살하는 사람까지 생기면서 경찰의 단속으로 이어졌다.

바다이야기는 결국 불법 판정을 내리고 압수됐는데 파친코같이 생긴 게임기가 부피는 크고 너무 많다 보니까 경찰서에는 놔둘 공간이 없었다. 그래서 경찰청과 정부와 한국환경공단이 합의를 맺어 이것들을 각 지역 환경공단에 보관하게 되었다. 법정 공방이 모두 끝난 후에야 폐기를 할 수 있기 때문에 임의적으로 처리하지 못하고 보관해야 했다.

나중에 시간이 흐르고 폐기 명령이 떨어지고 매각을 하게 됐는데, 그 안에 있는 모니터 따로, 컴퓨터 따로 매각했다. 전국의 환경공단에서 입찰을 통해 우리 회사는 물건을 매입하게 됐다. 환경공단에서 매각 공고가 뜨면 우리도 온라인 입찰에 참여했다. 1등으로 뽑히면 부산, 청주 등으로 가서 2,000~3,000대의 컴퓨터를 가져오곤 했다. 어떤 때는 1만~2만 대가 있는 경우도 있었다.

🔲 서교동에 물류센터 매장을 오픈하다

2005년에 용산전자상가 매장이 3개로 늘어난 후 우리는 서교동에도 오픈매장을 하나 냈다. 물류센터를 겸하는 창고형 매장이었는데 이곳에서 소비자들은 중고 PC를 살 수 있었다. 게임장에서 가져온 대량의 컴퓨터도 이곳에 보관했다. 지하 1층, 2층 100평 규모의 공간으로 총 200평의 공간을 썼다. 그때는 엘리베이터도 없어서 지하까지 올리고 내리고 하느라 많이 힘들었던 기억이 난다.

서교동 물류센터를 오픈하면서부터 나는 이쪽으로 출근하기 시작했다. 용산 매장에서는 개인 소비자들 매입이 많았고, 서교동에서는 입찰 위주로 일을 했다. '바이메모리'라는 이름을 만들어서 온라인 판매도 시작했는데, 신품으로 조립 PC를 팔았다. 당시에 다나와 순위 2위까지 올라가기도 했다.

창업 초기에는 신품에 대해서만 온라인 판매를 했던 우리는 점차 중고 PC의 온라인 판매를 늘려갔다. 그러자 우리를 바라보는 시각 중에서 부정적인 말들이 나오기 시작했다. 게임장이나 비트코인 채굴장에서 혹사당하던 컴퓨터 부품을 가지고 와서 파는 거라며 거친 말을 하던 분들이 있었다. 특히 컴퓨터에 대해서 좀 안다고 자칭하는 사람들이 그런 댓글을 쓰는 경우가 있었다.

그렇지만 우리 회사 내에서는 품질관리를 중요시하고 있기 때문에 그런 제품들이 소비자들에게 전해질 일은 거의 없다. 쓸 수 없는 불량은 스크랩 처리(금전적인 가치가 있다는 점에서 '폐기물'과

구분해서 쓰는 말)되고 사양이 낮은 부품은 해외 바이어들에게 유통된다.

테스트를 해보면 비트코인 채굴장에서 나온 부품들은 상태가 좋지 않은 경우가 많다. 24시간 가동했을 테니까 어찌 보면 당연하다. 그런 것들은 사실상 쓸 수가 없고, 혹시 괜찮은 걸 건지게 되더라도 국내로 유통되는 경우는 거의 없다.

게임장 컴퓨터는 환경공단에서 입찰을 받던 것도 있었지만, 개별 사업장에서 우리 회사로 직접 연락해서 매입을 원하는 경우도 많이 있었다. 그러나 2014년 이후로는 하지 않게 되었다. 게임장 컴퓨터가 처음에는 신품으로 좋은 부품을 많이 썼지만 점점 그렇지 않은 상황이 되었기 때문이다. 더더욱 지금은 모바일로 게임을 하는 게 대세가 되었다.

예전에 한 지인이 나에게 그런 말을 했다. "형은 항상 돈이 흐르는 길목에 앉아 있네." 그게 운처럼 보일지 몰라도 저절로 얻어진 행운은 아닐 것이다. 지금 생각해 보면 창업하자마자 중고 시장에 뛰어든 것도, 용산 사무실에서 벗어난 것도, 물류센터를 열고 입찰 시장에 뛰어든 것도, 온라인 쇼핑몰을 오픈하고 개인 소비자 대상의 브랜드를 만들어낸 것도 꾸준하게 관심을 갖고 기회를 찾았던 결과였다.

▨ 가격 변동에 영향을 주는 사건들

컴퓨터 업계에서 부품의 가격은 변동성이 있다. 그래서 항상 가격 변동에 영향을 줄 수 있는 외부 동향을 꿰고 있어야 한다. 환율을 체크하는 건 기본이고 글로벌 뉴스, 업계 소식도 항상 귀 기울여야 한다. 예를 들어 대만에 지진이 났을 때 가격 폭등을 겪은 적이 있다. 대만에 반도체 공장들이 많으니까 영향을 미친 것이다. 특히 TSMC는 파운드리 시장에서 점유율 55%가 넘으며, 2022년 5월 현재 삼성보다 시가총액이 높은 회사다.

앞서 말했지만 수요와 공급의 균형에 무엇보다 영향을 많이 받는 곳이 컴퓨터 업계다. 2019년 7월에도 메모리 가격에 영향을 줄 만한 사건이 발생했다. 그때 미국에서 휴가 중이었는데, 일본에서 한국에 대해 외국환과 외국무역관리법에 따른 신뢰할 수 있는 대상인 화이트리스트 국가 목록에서 빼겠다는 뉴스가 터졌다. 안보상 수출심사 우대 국가에서 배제한다는 뜻으로, 수출하는 품목들에 대해 개별 허가를 일일이 받아야 한다는 걸 의미했다. 수출 규제를 한다고 발표한 품목은 포토레지스트, 플루오린화 수소(불화수소), 플루오린 폴리이미드 등 3개 품목으로 반도체 제조에 꼭 필요한 소재들이었다.

뉴스를 보고 나는 직원에게 전화를 걸어 삼성전자 메모리를 빨리 사놓으라고 지시하느라 정신이 없었다. 우리 같은 회사가 사놓는 건 전체로 보면 미미한 양이긴 하지만, 이슈가 있을 때 그런 액션을 안 취하면 크게 손해를 보게 된다. 그때 사놓았던

메모리는 곧 가격이 올라서 이익을 올릴 수 있었다.

우리 같은 중소기업들에게 이런 정보들은 뉴스가 나오기 전에는 미리 알 수 없는 것이라서 영향을 더 크게 받는다. 지금은 전체 부품을 다루고 리사이클 시장의 비중이 크기 때문에 메모리 하나만 가지고 좌지우지되지 않지만, 당시에 시세차익의 힘은 정말 컸다.

열심히 일한 대가,
티눈과 녹내장

월드와이드메모리는 지금 경기도 고양시에 본사와 물류센터를 두고 있다. 처음으로 용산전자상가를 벗어났던 건 2005년 서교동에 물류센터를 따로 마련하면서부터였다. 그 계기는 환경공단 입찰이었다. 한국환경공단에서 압류된 게임장 컴퓨터를 판매한다는 걸 알고 매입 입찰에 참여한 것이다.

컴퓨터와 함께 그때 매입했던 것들은 26인치 대형 모니터에 물건도 좋고 양도 많았다. 이런 대량의 물건들을 해체하고 작업할 공간이 필요했기 때문에 물류센터를 따로 마련할 생각을 하게 된 것이다. 우리만의 공간을 늘려갈 계기가 된 것인데, 작업할 '공간'이란 그때부터 지금까지 우리에게는 그야말로 크나큰 자산이다.

이때 한국환경공단의 컴퓨터 매입을 일회성으로 하고 말 수도 있었는데, 매입해올 수만 있다면 확실히 팔린다는 확신이 있었다. 용산의 딜러들, 수출업체들이 판매처였다. 나는 4~5년간 그야말로 전국적으로 돌아다니면서 환경공단 컴퓨터 매입에 열심이었다.

환경공단은 이전에 농촌에서 쓰는 폐비닐을 수거하는 사업을 했는데, 그래서 전국에 사업소를 갖고 있었다. 나는 환경공단 홈페이지에 공고가 뜰 때마다 용산의 3개 매장은 딜러들에게 맡겨놓고 전국을 돌아다니면서 현장 입찰에 참여했다. 가끔은 경찰서 홈페이지에도 매입 건이 공지될 때가 있었는데, 당시에는 현장 입찰이었기 때문에 열댓 명이 모여서 설명회를 듣고 매입 금액을 써내곤 했다.

대량 매입 작업은 4년 정도 했는데, 그때는 정말 일 욕심을 많이 냈다. 매입하는 대로 판매가 이루어졌고 덕분에 차곡차곡 수익을 쌓아서 지금의 본사를 마련하는 데 종잣돈을 만들 수 있었다. 다만 이로 인해 내 몸이 치른 대가는 참으로 혹독했다.

▥ 발바닥을 온통 뒤덮은 30개의 티눈

2010년 전후로 나는 대학병원을 수시로 들락거렸다. 외형 확장에 따른 부작용이 이곳 저곳에서 터지면서 몸도 마음도 너덜너덜해질 지경이었다.

처음과 달리 한국환경공단의 중고 컴퓨터들이 점점 저사양이 나오고 부품이 노후화되는 걸 느꼈기 때문에 수익모델을 바꿀 시기가 됐다는 걸 느낄 수 있었다. 재제조해서 내보내면 게임상 업체 같은 곳에서 또 구매해서 쓰다가 그게 다시 중고 시장에 나왔기 때문에 나중에는 매입 물건의 매력이 떨어지고 수익 구조가 잘 나오지 않았다.

4~5년간 환경공단 입찰을 다니면서 얼마나 돌아다녔는지 어느 날 발이 아파서 봤더니 발바닥에 굳은살이 생겼고 티눈이 양쪽에 30개 정도가 박혀 있었다. 그렇게 많이 퍼질 때까지 처음에는 통증도 느끼지 못했다. 어쩌면 힘들었던 기억을 견뎌내느라 내 몸이 좋은 기억으로 입력해놓았던 건지도 모르겠다. 그때는 체중도 60킬로그램이 넘지 않았다. 낮에는 전국을 돌아다니고 밤에는 용산의 3개 매장 장부 정리를 하느라 스트레스가 심했다.

지금은 중고 컴퓨터 매각 건이 있다면 캠코(한국자산관리공사)에서 온라인 자산처분 시스템인 온비드를 통해 공매를 진행한다. 조달청 입찰이 올라오는 K비드, 삼성전자 등 대기업들이 공모 대행을 맡기는 이트너스비딩 등 대행사가 있어서 온라인으로 수월하게 할 수 있다. 그러나 당시에 나는 대량의 물량을 확보하기 위해서 발로 뛰는 노력을 해야 했다. 초등학교, 중학교, 고등학교에서도 매각을 원하는 경우가 있는데 예전에는 각자의 홈페이지에 공고했기 때문에 매입하고 싶은 업체들은 일일이 찾아서 봐야 했다. 지금은 중개 역할을 하는 곳이 있기 때문에 그런 건들을 한 곳에서 볼 수가 있다.

그때는 매일 전국을 돌아다니는 활동량을 소화한 탓이었는지 내 발에는 티눈, 내 얼굴에는 녹내장과 두통이 따라다녔다. 나중에는 통증이 생겨서 잘 걷지 못했는데, 아마도 스트레스 때문에 한꺼번에 동시에 생긴 티눈이었던 것 같다. 대학병원에서 냉동치료를 했는데, 티눈 부위를 냉동한 후에 면도날로 파내는 치료를 받았다. 깊이 박힌 티눈이었기 때문에 여러 번에 걸쳐 2년 이상 치료를 받았다. 너무 많이 일을 하다 보니까 급성으로 생긴 질병들이었다. 스무 살부터 신나게 일했지만, 일만 하느라 몸을 어떻게 아껴야 하는지, 몸 관리를 어떻게 해야 하는지는 배우지 못했다.

저녁에는 길거리에서 파는 오뎅 두세 개를 먹고는 집에 돌아오면 두부를 약간 먹고 그냥 자버리곤 했던 게 자취하는 동안의 내 식생활이었다. 주말도 없이 고되게 일하고, 먹는 건 시원찮고, 몸 관리를 못 하니까 녹내장이 왔다. 결혼 전에 눈에 이상이 느껴져서 병원에 갔더니 한쪽은 60%, 한쪽은 20% 녹내장이 진행된 상태였다. 급성 질환으로 생긴 것이었다. 그래도 그때 발견해서 매일 안약을 넣어주면서 더 나빠지지는 않는 상태를 유지하고 있다.

📟 대학병원에서도 깨달음을 얻다

지금까지 20년 동안 6개월마다 눈 때문에 대학병원을 다니고 있다. 그런데 갈 때마다 병원의 환경이 바뀌는 걸 보면서 세상의 변화를 느낀다. 접수처 위치도 바뀌고 결제하는 시스템도 많이 바뀌었다. 예약하고 병원에 가면 대기번호만 뽑아도 환자 번호가 있어서인지 내가 왔다는 걸 병원 전체가 아는 것 같다. 진료를 받고 검사를 하는 동선도 짧아졌다. 한꺼번에 쭉 필요한 곳을 돌고 나오면 전산화된 데이터는 교수님 앞에 가 있고 서브로 붙은 선생님이 차트와 검사 결과를 켜놓으면 교수님과 환자는 그걸 보기만 하면 된다.

게다가 누적된 데이터를 보면서 "6개월 전보다는 나아졌는데, 1년 전보다는 안 좋아졌네요" 하는 비교도 가능하다. 창도 여러 개 띄우면서 복잡해 보이는 여러 데이터를 한번에 확인하는 것 같다. 간호사들이 예약을 잡아줄 때도 바뀐 점들이 눈에 보인다. 또 내 눈에 보이는 것 말고도 많은 것들이 달라졌을 것이다.

그걸 보며 나도 자극을 받는다. '우리 회사도 계속 바뀌어야 한다. 이게 최선이라고 생각하면 안 된다.' 그런 생각을 한다. 판매 채널도 많아지고 세상은 점점 복잡해지는데 예전처럼만 하면서 머물러 있으면 쇠퇴하게 될 것은 자명한 사실이다. 직원이 80명이 넘으면서부터는 더욱더 그런 생각이 든다.

사람이 감당할
시험밖에는 없나니

얼마 전, 보험 관련 서류가 필요해서 병원에 갔다. 그날 나의 진료 기록 히스토리를 훑어볼 수 있었는데, 2007년부터 2012년까지 정말 안 가본 과가 없다 싶을 정도로 거의 모든 진료과목을 섭렵했다. 당시에는 신체적으로도 심적으로도 엄청나게 힘든 시기였는데, 가장 괴로운 건 머리가 너무 아프다는 것이었다.

아버지는 30대 초반의 젊은 나이에 중풍으로 돌아가셨는데, 그로 인해 내게는 죽음에 대한 트라우마가 있었던 것 같다. 결혼한 지도 얼마 안 됐는데 원인 모를 두통에 시달리니까 불안한 마음이 들면서 그 자체로도 스트레스가 됐다.

병원에서 가장 유명하다는 분한테 예약해서 진료를 보고, 또 젊은 선생님이 새로운 신문물을 잘 알지 않을까 싶어서 젊은 의사한테도 가보고, 여러 명의 전문의를 만났다. 두통의 원인은 수

백 가지가 된다고 하는데 그래서인지 의사마다 다른 이야기를 하고 있었다. 병원에 가는 것 자체도 스트레스여서 아내가 예약을 잡으면, 일해야 되는데 시간을 잡아먹는 대학병원에 예약을 잡았다며 괜스레 짜증을 내기도 했다. 뇌에 이상이 있나 싶어서 CT도 찍어보고 경추성 두통인가 싶어 정형외과도 가보고 신경 문제인지 보려고 신경과도 가보고, 많은 과를 연결해서 협진하느라 시간을 많이 뺏겼다.

사실 나의 두통이 시작된 것은 직원 수가 35명 이상으로 넘어가면서부터였다. 직원 수 30명 정도일 때는 현재 자금이 얼마 있고 내가 어떻게 움직여야 하는지, 직원들은 어떻게 움직여야 할지 한눈에 볼 수 있었다. 그런데 40명, 50명 직원 수가 늘어나면서 누가 누군지 다 파악할 수 없게 되었고 관리가 안 되기 시작했다. '저 사람도 우리 직원인가?' 하는 순간도 있었다.

2005년부터는 용산의 매장을 놔두고 서교동으로 출근했기 때문에 관리는 더 엉망이 됐다. 용산에 있던 3개의 매장들은 임원급의 관리자가 없는 상태에서 심하게 자유분방해졌다. 그 와중에도 나는 용산에서 판매할 부품들을 입고시키기 위해 매입 현장으로 뛰어다니느라 바빴다. 일주일 중에 4~5일은 현장에 가서 뜯고 테스트하고 부품을 분류해서 가지고 오는 작업을 했다. 일하다가 숙박하고 오는 날도 많았다. 조직이 커지면 관리를 혼자 다 할 수가 없다는 사실을 깨달았다. 뭔가 특단의 조치가 필요한 상황이었다.

당시 용산전자상가에는 월드메모리의 3개 매장에서 20여 명이 일하고 있었다. 각각 팀장급의 딜러와 팀원들이 있었는데, 2008년, 2010년, 2012년 직원들이 우르르 퇴사하는 일이 반복됐다. 어느 때는 한 명을 제외한 모든 팀장급 인력이 팀원들까지 데리고 나가기도 했다.

이제 와서 생각해 보면 대표가 나가서 일하느라 상주하지 않았기 때문에 케어하지 못한 것이다. 한 매장에 팀장만 있고 위에는 아무도 없는 상태에서 용산 매장이 돌아갔던 것이다. 대표는 일주일에 한두 번만 와서 체크를 하니까 팀장들 입장에서는 자기 사업을 하는 것이나 매한가지였을 것이다. 일부러 그런 건 아니지만 나갈 수밖에 없는 환경을 만들어준 측면도 있었다.

커피숍에서 사장은 상주하지 않은 채 매니저가 운영하는 경우를 생각해 보면 같은 상황일 것이다. 우리도 직원 입장에서는 매입, 매출 케어가 다 가능하니까 모든 걸 두루두루 경험해본 다음에 독립할 수가 있었을 것이다. 조금만 배우면 어디서 사다가 어디에 팔지가 보였을 것이고, 인력을 포섭하는 물밑작업 역시 쉽게 했을 것이다. 그 밑에서 일하는 직원 입장에서는 여기서 일하나 옮겨가서 일하나 하는 일은 똑같은데, 몇십만 원 월급을 더 올려준다고 하면 당연히 이직할 것이다.

게다가 용산전자상가 전체에는 비슷한 또래의 근무자들이 많았다. 그러다 보니 서로 의견 교환을 하고 "너 독립하면 내가 도와줄게"라든가 "너 나오면 더 받을 수 있어" 같은 속삭임도 있었을 것이다. 직원들의 단체 퇴사 연도를 살펴보면 2년마다 반복되었는데, 그건 아마도 2년이면 일을 배우기 때문이었을 것이다.

일을 가르쳐놓고 일 좀 할 만하다 싶으면 나가고 하는 상황이 반복되니까 나로서는 밑 빠진 독에 물 붓기를 하는 기분도 들었다. 자꾸 직원을 못 믿게 되고 모든 일을 내가 다 해야 할 것 같은 생각도 들었다. 일할 사람이 필요하고 가르쳐야 하긴 하는데 어느 정도까지 알려줘야 할지 고민이 됐다. 나를 배신하지 않는 독수리 5형제만 있으면 좋겠다고 간절히 바라기도 했다.

나 역시도 2년 반 만에 독립을 했기 때문에 할 말은 없었다. 그래서 스트레스를 많이 받으면서도 주위에 험담 같은 건 하지 않았다. 혹시 내가 주변에 회사를 나간 직원을 욕하거나 "거기랑 거래하지 마세요" 같은 말을 했더라면, 처음에는 "대표님 말이 맞아요" 했다가도 뒤에서 욕했을 것이다. 직원이 퇴사를 통보하면서 새로 매장을 차리겠다고 하면 속으로는 덜컹 마음이 내려앉았지만 겉으로는 내색하지 않았다. "그래, 네가 독립할 때도 됐지"라고 말해줄 뿐이었다. 자기 얼굴에 침 뱉기인 것 같아서 나쁜 말은 하고 싶지 않았다. 그리고 그들이 나가서 우리 회사의 거래처가 되기도 하니까 나쁘게만 생각할 일도 아니었다.

▣ 관리가 안 되니까 횡령 사건이 터지다

집단 퇴사가 있으면 팀원이었던 직원을 팀장으로 올리고 직원은 다시 충원하는 일을 계속했다. 그런 상태에서 6년이나 유지가 됐다는 게 오히려 어찌 보면 대단했던 셈이다. 장부관리는 매일 했고 일주일에 한두 번씩은 용산에 방문했다. 일을 정말 많이 했고 당시에는 일요일도 쉬어본 적이 없다. 얼마나 마음이 힘들었는지 그 무렵부터 나는 교회에 다니기 시작했다. 성경책에 나오는 구절을 끊임없이 되뇌었다. "사람이 감당할 시험 밖에는 너희가 당한 것이 없나니 오직 하나님은 미쁘사 너희가 감당하지 못할 시험 당함을 허락하지 아니하시고 시험 당할 즈음에 또한 피할 길을 내사 너희로 능히 감당하게 하시느니라"

하루는 3개 매장 중에 한 곳에서 경리 직원의 횡령이 목격되는 사건이 터졌다. 이 직원이 현금을 소매에 넣는 것을 관리 직원이 보고 나에게 말한 것이다. 횡령의 흔적을 없애기 위해서 매일 파악해서 입력하는 부품 시세를 조작했다는 것이 밝혀졌다. 장부 조작을 하고 그 차액을 횡령한 것이었는데, 이 직원이 사회초년생이었고 너무 어려서 수정을 하면 그 내역이 남는다는 걸 몰랐던 것이다. 견물생심인지 사람이 현금을 직접 만지게 되면 그런 마음이 드나 보다.

게다가 당시 문제는 이 사건이 한두 번이 아니었다는 것이다. 안 걸리니까 괜찮을 것이라 생각하고 계속 시도한 것 같다. 직원의 아버지가 찾아와서 사과하며 경찰에 넘기지 말라고 선처를 부탁했다. 이곳 용산 매장 외에 다른 매장도 어떻게 하고 있는지 확인해볼 필요가 있었지만 일이 복합해서 실제로는 하지 못했다. 지금은 전산이 연결돼 있어서 통합관리를 하고 있지만 그때는 관리가 제대로 이뤄지지 않았다.

횡령 사건을 저지른 직원은 고등학교를 갓 졸업한 열아홉 살이었다. 경찰에 신고를 했는데 직원은 퇴직하고 아버지가 대신 갚겠다고 했다. 너무 어린 친구라서 화가 나는 것보다 가엽다는 마음이 컸다. 빼돌린 돈은 1,000만 원이 넘는 금액이었는데 일부는 받았고 매달 아버지가 나눠서 갚기로 했다.

관리 소홀로 벌어진 사건은 또 있었다. 용산 매장은 셔터를 내리면 통으로 된 것이 아니라서 중간 중간 빈 공간이 생기는데, 그 사이로 생긴 틈을 통해 매장 안을 볼 수 있었다. 한 번은 재고 수량이 안 맞아서 CCTV를 틀어봤는데, 청소하는 아주머니가 빗자루를 이용해 비싼 부품만 골라서 빼낸 다음에 가져가는 모습이 포착됐다. 용산에서 일하는 분들이라 뭐가 돈이 되는지를 아셨던 것 같다. 그 후로는 퇴근할 때마다 틈새로 손이 안 닿게끔 물건을 안쪽으로 밀어 넣고 가곤 했다.

이 모든 일들은 관리 시스템이 부재했기 때문이라 생각한다. 나중에는 재무이사를 따로 스카우트해 와서 시스템적으로 정비를 했다.

바닥을 헤매던 자존감을 끌어올려 준 책

2010년 전후로 집단 퇴사를 여러 번 겪으면서 나는 웃음이 없어졌다. 그전까지 재밌게 웃으면서 일하던 사람이었는데 두려워하고 불안해하고 집중하지 못했다. 잠은 거의 못 잤고 항상 머리가 너무 아팠다. 뇌혈관 질환은 아닌지 걱정이 돼서 병원에 가도 문제는 발견되지 않았다. 결혼도 했고 가정을 책임져야 하는데 스트레스가 심하니까 일종의 자기암시를 위해 성경 구절을 잘 때마다 외우면서 기도했다.

내가 4살 때 아버지가 돌아가셨고 할머니 밑에서 여동생과 자란 조손 가정이라서 군대도 면제되었다. 부양가족이 있다는 것이 면제 사유였다. 어릴 적에 할머니는 밭일을 하느라 바쁘셨고 나는 도시락을 싸가지고 다니지 않아 수돗가에서 물로 배를 채우곤 했다. 내 아내는 엄마가 싸준 보온도시락을 점심에 먹었다며 동시대 사람이 맞냐고 묻곤 한다.

나는 직장생활을 많이 안 해봤고 큰 회사에서 조직 생활을 해본 적이 없었다. 사수로서 팀을 끌고 가본 경험이 없어서 리더십을 보고 배울 기회가 없었던 것이다. 공고생에 군대도 안 다녀왔고 대학교를 다니면서 공부를 한 것도 아니었다. 이때는 내가 너무 부족하다는 것이 드러나는 것 같아 스스로의 부족함을 보는 것이 괴로웠다. 자존감이 많이 낮아졌고 불안증이 수시로 엄습해오곤 했다.

대표로서 나는 나이가 어렸다. 용산의 다른 대표님들은 50대 정도였고 서른 초반인 내 나이대는 팀장 정도였다. 그러다 보니 주변에 힘겨움을 나눌 사람이 없었다. 다른 대표님들을 만나면 끼기도 어려운 데다가 술도 안 좋아해서 말이 통하는 느낌은 아니었다.

📖 사장들의 이야기에 위로받다

당시에 대표라는 타이틀은 내게 무겁고 어려운 숙제였다. 스트레스를 해소하는 방법도 딱히 없어서 혼자서 감당하기가 버거웠는데, 복잡한 마음이 정리되기 시작한 건 책을 가까이하면서부터였다. 이때 읽었던 책 중에 기억이 나는 건《사장으로 산다는 것》(서광원, 흐름출판, 2006),《긍정의 힘》(조엘 오스틴, 정성욱 역, 긍정의힘, 2009),《일본전산 이야기》(김성호, 쌤앤파커스, 2009) 등이 있다.

《사장으로 산다는 것》은 위안이 많이 됐던 책인데 한동안 끌어안고 다녔다. 사장이란 원래 외롭고 혼자라는 표현들이 마치 나를 다독이는 것 같았다. '나만 힘든 게 아니구나'라는 위로가 되었다. 《긍정의 힘》은 교회에서 많은 사람들이 같이 봤던 책이고, 《일본전산 이야기》는 밑줄을 쳐가면서 읽었다. 직원들에게도 나눠주면서 우리 회사에도 적용해보려고 노력했다.

나는 스스로 현장형 CEO라고 생각한다. '우리 직원도 이래야 돼'라는 생각이 들면 나부터 바꿔야 된다. 아무리 100번 말해도 직원은 못 알아듣는다는 대목은 정말 공감이 갔다. 내 행동부터 바뀌어야 나의 말에도 신뢰와 무게감이 생긴다는 생각이 든다. 책을 읽으면서 나의 일을 정리하는 시간이 됐다.

우리 할머니는 온순한 성향의 분이다. 큰 소리 한 번 안 하고 사는 분이었는데, 나도 그런 성향을 닮았다. 조직의 리더는 카리스마가 있고 휘어잡아야 한다고만 생각했다. 나는 그게 부족하다는 생각을 자주 했는데, 부드러운 카리스마가 있는 리더도 있다는 걸 알았다.

지금도 사실은 리더십 영역에서 부족함을 느낀다. 그냥 내 스타일대로 하면 되는데 자꾸 직원들 상태가 어떤지 살펴보고 의식하게 된다. '이렇게 가다가는 큰일 나겠어, 안 돼'라는 생각이 들었을 때에야 말로 꺼낸다. 신중하게 생각한 후에 "바꿔야 된다"라는 이야기를 꺼낸다.

그런데 이런 나의 성향이 나만에 리더십으로 작용하는 것 같다.

지금의 직원들은 내가 잔소리가 많은 타입이 아니라는 걸 아는지 내가 이야기를 꺼낼 때는 진중하게 받아들이는 편이다.

조직관리를 도와줄 동반자가 필요하다

2012년에 회사의 핵심 인재들이 많이 빠져나가고 난 뒤 나는 특단의 조치를 취하기로 했다. 업종 특성상 진입장벽이 낮아서 회사에는 영업 일을 하다가 거래처를 가지고 나가버리는 직원이 많았다. 조직을 다시 만들어야 하는데 나 혼자는 안 되겠다고 최종 판단했다. 본사를 관리해줄 임원과 용산을 담당해줄 임원을 영입하기로 했다.

본사를 관리하고 있는 장성대 이사(지금은 공동대표)와 용산의 매장을 총괄 담당하고 있는 신동혁 이사는 용산과의 연결고리가 전혀 없던 사람들이다. 두 사람 모두 새로운 걸 만들어가기를 좋아하는 성향의 사람들이다.

장 이사는 행동대장 같은 카리스마가 있는 스타일이어서 직원들이 그 앞에서는 살짝 긴장한다. 조직관리, 인사관리, 물류에 강한 데다가 좀 무른 스타일인 나의 부족함을 채워줄 수 있는 사람이다. 직원들의 이야기를 들을 때 '이건 아니다' 싶은 부분은 명확하게 선을 그으면서도 해결책은 단칼에 내놓는 사람이다. 그래서 회사에는 적당하고도 꼭 필요한 텐션이 유지되고 있다.

ERP(전사적 자원관리) 시스템을 구축할 때도 그의 해결사 본능은 잘 발휘되었다. 나는 프로그래밍 전문가가 아니라고 생각해서 개발업체에서 이건 이렇게 저건 저렇게 해야 한다고 말하는 부분들이 있으면 '우리랑은 좀 안 맞는 것 같지만 그래도 수용해 줘야 하는 건가?' 생각했다. 그런데 그는 "안 되는 게 어딨어요. 그 날짜까지 해오세요. 그게 안 되면 우리는 다른 업체를 알아보겠습니다"라고 강하게 말하며 끝맺었다.

그리고 용산을 총괄 책임지고 있는 신 이사는 행정가 스타일이다. 조심스럽고 꼼꼼한 스타일이다. 그가 온 뒤부터는 재고관리 폼에 맞춰서 수치적으로 달라진 게 있으면 용산이 난리가 난다. 어긋나는 원인을 바로 잡아내기 때문에 위험 요소가 최소화된다. 2016년부터 우리는 신품 부품 사업과 신품 조립 PC를 시작했는데, 그가 없었다면 시도하지 못했을 일이다.

그의 성격을 알 수 있는 대표적인 사건이 있다. 직원 중에 전세금 문제로 법정 다툼을 하는 사람이 있었는데, 그가 나서서 서류 준비를 다 하고 도와준 적이 있었다. 게다가 변호사를 선임했는데 일을 태만히 해서 의뢰인이 직접 나서서 일했다면서 수임료를 못 준다는 소송까지 했다. 그 정도로 신 이사는 조용한 카리스마가 있는 사람이다.

이 두 사람은 지금도 충분히 나의 오른팔, 왼팔로서 조직을 잘 이끌고 있다. 두 사람이 우리 회사로 오고 나서는 직급 체계부터 바뀌었는데, "형", "실장님" 같은 말이 사라졌다. 누군가 그만둔다고 하면 크게 스트레스를 받던 나는 이후로 두통이 점점 사라졌다. 직원들 사이에도 보이지 않는 변화가 생겼는데, 직급이라는 게 생기니까 '나도 위로 올라가고 싶다'라고 처음으로 느꼈다고 한다. 이때부터 신입사원은 용산과 전혀 인연이 없는 컴퓨터 공학과 출신을 뽑는다든가 하는 변화가 시작됐다. 이때 들어온 직원들 중에는 지금까지 일하고 있는 직원이 많다. 그전까지는 5년 근속을 채우는 사람이 없었는데 지금은 많이 늘었다.

보고 체계라든지 여러 시스템이 전문화되었고, 단순히 호칭뿐 아니라 일하는 직무도 정리가 되기 시작했다. 자재부, 영업부 등 부서라는 개념도 생겼다. 그전에는 바쁘면 용산 직원들도 물류센터에 와서 일하라고 했던 것에 비하면 바람직한 변화였다. 매입하러 갔다가 테스트했다가 판매도 했다가 조립하고 포장도 하는 등 정신없이 일하던 사람들이 애사심을 가지고 지금까지 자리를 잡고 있으니까 참 고마운 일이다.

두 사람이 조직관리에 신경 써준 덕택에 그 후로 우리 회사에는 일도 많아졌다. 한국환경공단 컴퓨터 매입은 그만뒀지만 대기업들의 컴퓨터 교체에서 시장 기회를 보고 출장매입을 본격적으로 시작했다. 나는 빨리 회사를 키워서 월급을 많이 줘야겠다는 생각이 들었다.

Re
New
All

3장

리뉴올PC는
중고 컴퓨터인데
AS까지 돼요?

리퍼브 상품의
범람 속에서
살아남는 법

월드메모리는 2007년 법인사업자로 바뀌면서 사명이 '㈜월드와이드메모리'가 되었다. 매출이 계속해서 늘고 있었기 때문에 꼭 필요한 변화였다. 외형 확장에 따른 부작용으로 관리가 부족한 상황이었지만, 그래도 업계 동향을 계속 살펴보면서 끊임없이 변화를 추구했다. 다른 기업들은 무엇으로 수익 구조를 만들어가는지 항상 관심을 가지고 지켜보았고 이리저리 생각하면서 새로운 일들을 구상했다.

창립 초기에는 딜러들에게 부품만 판매했는데 2015년부터는 소비자를 대상으로 중고 컴퓨터 판매를 시작했다. B2B만 하다 보니까 마진율에 한계가 있었고, 만족만 얻을 수 있다면 중고도 거리낌 없이 구매하는 분위기가 조성됐다고 판단했다. 입찰 물량이 늘어났으니까 중고 조립 PC로 재제조해서 좀 더 부가가치를 높게 파는 방법을 선택하는 것이 좋겠다는 생각이었다. 처음에는 사업 비중이 B2B가 95%, 소비자 판매는 5% 정도였다. 중고 컴퓨터가 소비자에게도 먹힐까 실험해 보기 위해 강서구 발산동에서 'PC노리'라는 이름의 매장을 오픈했다. 그때는 브랜딩의 개념은 생각하지 못했고 이름은 등록해야 되니까 'PC랑 놀아보자'는 뜻에서 급하게 이름을 지어본 것이 PC노리였다.

2017년에는 온라인 파트를 만들어서 네이버 스마트스토어, G마켓 등의 오픈마켓에 PC노리를 등록하고 온라인 판매를 시작했다. 온·오프라인의 소비자 대상 매출을 집계해본 결과로 '개인 소비자들도 중고 컴퓨터를 사가는구나'라고 수요층이 있음을 확신했다. 중고나라 가입자가 2016년 1,600만 명이 넘는다는 통계가 나올 정도로 중고 시장은 활성화되고 있었다.

그런데 수요는 확인한 반면 문제가 있었다. 중고 PC는 시장 장벽이 높지 않은 탓에 중고 컴퓨터를 파는 곳은 많아졌고 차별점 없이 가격경쟁만 계속되고 있었다. 지금도 그렇지만 당시에 온라인 판매에서는 노출을 얼마나 많이 하느냐가 중요했다. 중고 PC는 싸야 된다는 생각이 있기 때문에 상위 노출을 위해서는 가격을 조금씩 내려야 했다. 이래서는 한도 끝도 없겠다 싶은 생각이 점점 커졌다.

▣ "그래, 우리는 중고 컴퓨터 판다"

스마트폰이 대중화되고 태블릿 사용이 증가하면서 컴퓨터는 이제 사양사업이라는 이야기를 하는 사람이 많았지만, 꼭 그렇지만은 않았다. 데스크탑 수요는 줄어든 반면에 노트북의 수요가 늘었다. 더불어 고사양 PC를 선호한다는 특징이 있었다. 유통업계에서는 중고 시장을 20조 원으로 추정하는 의견이 있었는데(소비자와 소비자 사이의 거래까지 포함), 그중에서도 중고 거래 1위는 PC, 카메라 등의 전자제품이었다. 최소한의 지출로 최대의 만족을 얻고자 하는 합리적인 소비 트렌드가 생겨난 것이다.

다만 중고 컴퓨터가 매출 한계에 부딪히는 데에는 한 가지 난관이 있었다. 그것은 리퍼브 시장(Refurbished Product)의 출현이었는데, 제조나 유통 과정에서 흠집이 났거나 매장에서 전시했던 상품, 반품한 상품 등의 유통을 말하는 것이다. 신한카드의 소비 패턴 분석 조사에 따르면 온라인 쇼핑족의 5명 중 1명은 반품 경험이 있었다. 3개월간 3번 이상 반품한 사람은 51만 명에 달했다. 반품 상품의 증가로 인해 리퍼브 시장이 형성된 것이다. 당시 수집한 자료에서 4년 동안 리퍼브 시장은 10배가 성장했음을 확인할 수 있었다. 사람들은 리퍼브 구매는 똑똑한 소비라고 생각하고 있었고, 제값 다 주고 사는 것은 현명하지 못한 소비라고 생각하는 경향이 있었다(2017년 트렌드 모니터 조사).

리퍼브 시장의 등장은 중고 제품의 가치를 떨어뜨릴 수 있는 일이었다. 리퍼브는 가성비 좋은 똑똑한 소비, 중고는 저렴하지만 걱정되는 소비라고 생각하는 그 간극을 좁혀야 했다. 무한경쟁 상황에서 해결책을 찾아야 했는데, 리퍼브 브랜드를 똑같이 따라가는 걸로는 경쟁력을 갖출 수 없다 생각했다. 우리만의 강점을 드러내야 했다. 중고 PC를 판매하고 있지만 소비자들이 중고 PC임을 모르고 사기를 바라는 태도로는 소비자의 니즈를 충족할 수 없었다. 소비자가 원하는 것은 '새것 같은 품질'이 핵심이라고 우리는 생각했다.

이 무렵에 아내가 홍보이사로서 본격적으로 일하기 시작했는데 새로운 돌파구를 찾기 위해 우리는 브랜딩을 하자는 결론을 내렸다. 중고 PC임을 당당히 밝히고 그와 동시에 다른 중고와 얼마나 다른지 보여주자고 의견을 모았다. 환경을 생각하는 이미지를 입히면서 신품과 동일한 성능, 신품을 넘어서는 보증, 신품을 압도하는 가격을 강조하기로 했다.

우리는 다른 온라인 쇼핑몰에서도 중간 공정의 재공품을 납품해 달라고 할 정도로 재제조에 강한 회사다. 지금까지 해왔던 것처럼 모든 부분을 새것처럼 되살린 PC를 만들면 될 일이었다. 쓰다가 팔아버린 낡고 느린 PC가 아니라 새것으로 완벽하게 되살아난 PC라는 의미에서 '리뉴올PC'라고 이름붙였다. 2018년 12월부터 콘셉트를 잡고 광고 영상 기획을 했다. "그래 우리는 중고 PC를 판다"라고 적극 알리는 것이 우리의 전략이었다.

■ 중고 PC인데 셀럽 광고를 만든다고?

2019년 리뉴올PC는 처음에 네이버 스마트스토어에서 온라인 판매를 시작했다. 2000년대 초반부터 등장한 옥션, G마켓, 인터파크 등은 온라인에 내 매장을 열 수 있게 해주는 오픈마켓 플랫폼들이라 할 수 있다.

플랫폼 개념이 없었던 그전의 인터넷 환경에서는 매장들이 각자의 홈페이지를 오픈했는데, 그랬을 때 개인 소비자는 옷이 필요하면 A사이트, 가방이 필요하면 B사이트를 일일이 열어서 로그인해야 되는 번거로움이 있었다. 오픈마켓 플랫폼이 생기자 각각의 온라인 매장들이 한 군데로 모여 종합쇼핑몰이 열린 셈이다. 그래서 소비자는 로그인 한 번으로 필요한 물건을 모두 쇼핑하는 것이 가능해졌다. 그중에 IT 대기업인 네이버는 오픈마켓 사업만 하는 건 아니기 때문에 스마트스토어라는 별도의 이름으로 오픈마켓을 하고 있다.

옛날에는 용산전자상가 같은 오프라인의 대형쇼핑몰에 작은 컴퓨터 가게들이 입점해 있었다면 지금은 오픈마켓 플랫폼들에 내 매장을 만들어서 상품을 올려놓고 있는 것이 20년 사이에 바뀐 모습이다. 2010년대부터는 티몬, 위메프, 쿠팡 같은 앱 기반의 소셜커머스 업체들이 등장했고, 페이스북, 인스타그램 등의 SNS 플랫폼들 역시 손 안의 스마트폰에서 전자상거래를 할 수 있게 되었다. 그리고 소비자들은 이제 스마트폰으로 쇼핑을 하는 데 익숙해져 가고 있다.

현대는 점점 다채널화되고 있어서 판매 업체 입장에서도 여러 곳의 오픈마켓을 관리해야 하는 상황이다. 우리가 브랜딩을 통해 우리만의 이미지를 만들어낼 수 있다면 성장의 한계를 극복할 수 있을 것이라 생각했다. 중고 조립 PC이지만 전 부품 성능을 보증하고 3년간 AS 보장, 성능 대비 최저가 보장, 고장 제품 무상 교환, 4년 후 유료 매입 등을 서비스로 제공하기로 했다.

그리고 효과적인 마케팅을 위해 시그니처 제품을 기획했는데, 우리는 게이밍PC에 주목했다. 통계를 보면 20대 1인 가구의 40%가 월소득 200만 원 이하라고 하는데, 국내 판매 PC 10대 중 1대는 게이밍PC였고 스마트폰이 아닌 PC게임을 즐기려는 수요는 증가해서 남녀가 따로 없었다. 노트북 수요가 늘고 있다지만 게이밍에 쓸 때 노트북은 쿨링 시스템에 문제가 있기 때문에 PC게임은 역시 데스크탑을 권하는 게 맞았다. 모든 PC게임이 가능한 고성능 모델을 가성비 좋은 가격에 구매하려면 완전하게 '리뉴얼'된 PC를 사야 했다.

우리는 연예인 모델을 선정해 광고 영상을 제작하기로 했다. 처음에 콘셉트를 잡을 때 일단 게임을 잘하는 사람이어야 하고, 이미지가 리뉴얼PC와 맞아야 한다고 생각했다. 게임하는 사람들 사이에서는 유명했던 방송인 한 분을 생각했으나 대중 활동을 너무 안 하고 있어서 망설이고 있었다. 광고대행사에서 추천하는 모델들이 있었는데 괜찮은 분들이긴 하지만 친근한 느낌이 들지 않아서 우리 콘셉트에 딱 들어맞는 사람들이 아니라고 생각했다. 우리는 추천리스트에는 없는 이시언 씨를 떠올리고 있었다. 당시 MBC 예능 프로그램 〈나 혼자 산다〉에 출연하고 있었는데, 이분이 아니면 광고 제작을 하지 않겠다고 선언했다. 그 덕분에 섭외는 진행되었고 결과적으로 주효했다.

광고 영상은 〈불한당〉이라는 영화를 패러디한 것이었는데, 영화에서 나온 장소와 똑같은 곳을 섭외했다. 정장을 입은 두 인물이 무게는 잡아야 하는데 돈은 없고 해서 떡볶이를 먹고 있는 장면을 그대로 재현했다. 또 한 가지 광고주 입장에서 꼭 필요하다고 요구한 것이 있었다. 모델이 직접 컴퓨터를 쓰고 있는 장면을 넣어 달라는 것이었는데, 광고 마지막에 이시언 씨가 "쥑이네" 하며 집에서 직접 게임을 하고 있는 장면이 들어갔다.

광고는 유튜브, 라디오, 지하철, 버스 등에 3개월 동안 집중적으로 집행했는데, 반응은 너무나 좋았다. 어떤 사람은 라디오를 듣는데 이시언 씨 광고가 들렸고, 지하철을 탔더니 거기에 또 보이길래 사야겠다는 생각을 했다고 한다. 이시언 씨는 결혼하고 프로그램에서 하차한 후에도 개인적으로 필요한 노트북을 리뉴올PC에서 구입했다.

우리는 소비자들에게 윈도10 정품을 제공해줬는데, 그건 구매 후 바로 선만 꽂으면 사용할 수 있다는 걸 의미하기 때문에 소비자들은 아주 좋아했다. 중고 컴퓨터를 오픈마켓에서 팔면서 가장 문의가 많았던 질문이 있었는데, "윈도 깔아줘요?"라는 것이 그것이었다. "이걸 해결해줄 업체라도 소개해주심 안 돼요?"

또는 "윈도 어떻게 깔아야 돼요?"라는 질문이 끊임없이 들어오곤 했다. 소비자들의 그런 니즈를 채워주기 위한 것이 윈도10 정품 제공이었다.

이시언 씨 이미지가 좋아서인지 소비자들은 "이시언이 광고하는 거야"라면서 좋아하는 모습이었고, 한 명도 의문을 품는 사람이 없었다. 유튜브에 그 비방 콘텐츠가 뜨기 전까지는 말이다.

테스트부터
재제조, 출고까지
품질검사 실명제

유튜버 한 명이 리뉴올PC에 대해 욕을 섞어가면서 부품 가격 비교를 하는 영상을 올린 적이 있다. "이런 걸 갖다 쓰냐? ×××야"라는 분위기의 영상이었는데, 그전에 2,000명 구독자도 안 됐던 채널이 2주 사이에 2만 명이 됐다. 그 점이 관심 끌 거리를 항상 찾고 있는 유튜버들을 자극했는지 이후로 너도 나도 여러 곳에서 비방 영상이 올라오기기 시작했다.

리뉴올PC 홈페이지 댓글에도 심한 내용들이 늘어나기 시작했고, 상태는 점점 심각해졌다. 고공행진을 하던 매출은 주춤했고 무엇보다 신나고 즐겁게 일해야 할 회사 분위기를 해쳤다는 점에서 너무나 손해가 막심했다. 유튜버들은 '아니면 말고' 식으로 가볍게 말하지만, 꼬박 1년을 브랜딩을 위해 준비하고 일련의 노력과 비용을 들인 과정들이 다 무시된 채 언급되는 영상 내용들은 직원들 사기를 무참히 떨어뜨렸다.

비방 댓글이 한창 많이 달릴 때 홍보이사를 맡고 있던 아내는 너무 스트레스를 받아서 두 번이나 대상포진이 왔다. '괜히 광고까지 만들어서 주목을 받은 건가? 이러다 회사가 망하는 거 아닌가?' 하는 생각도 들었다고 한다. 너무 안 좋았던 건 '타깃'이 된다는 것이었다. 비방 콘텐츠가 한 번 뜨니까 너도나도 '묻지 마 화풀이'를 하듯이 타깃으로 삼는 것 같았다. 나는 댓글을 직접 읽지 않지만, 홍보 실무자로서 아내는 욕하는 댓글을 직접 읽으니까 육체적으로 구타를 당하는 것 못지않게 힘들어했다.

심지어 아내는 비방 유튜버가 말하는 것처럼 '혹시라도 우리가 나쁜 제품을 팔고 있는 건 아닌가' 역으로 세뇌까지 되는 것 같다고 했다. 그래서 자꾸 나에게 물었다. "우리 진짜 안 좋은 제품 파는 건 아니지?" 우리가 중고 PC를 팔고 있기 때문에 비트코인 채굴장에서 혹사당한 부품을 집어넣어서 금방 고장난다는 비방 내용이 있었는데, 그걸 물어보는 것이었다.

물론 비트코인 채굴장에서 쓰던 부품이 들어오거나 게임장에서 쓰던 부품이 매입으로 들어오는 경우도 있다. 일정 기간에는 그런 컴퓨터들이 많이 들어온 적도 있다. 그러나 우리는 16단계 테스트 과정으로 철저하게 품질검사로 걸러낸다. 오랫동안 쓰다가 나온 컴퓨터도 있겠지만 조금 쓰다가 일을 접어서 내놓은 컴퓨터도 있어서 전시상품이나 다름없는 것도 있었다. 게다가 1만 개를 채굴장에서 가져왔다면 국내에 쓰이는 건 1,000개 미만이었다. 품질 기준에 맞게 좋은 것만 골라낸 것이다.

🖥 통합관리 시스템 속에서 일하다

리뉴올PC의 재제조 과정은 매입부터다. 월드메모리로 중고 컴퓨터가 매입되면 해체를 해서 부품을 용량별로 분류한다. 타입별로 모두 다르기 때문에 1세대부터 10세대까지 분류를 먼저 한다. 월드메모리에는 물량이 항상 많이 구비돼 있다는 것이 국내외적으로 잘 알려져 있기 때문에 준비한 제품들을 타 기업에서 필요하다고 하면 그곳에 판다. 또 온라인 담당 직원들은 일부 부품들을 조합해서 상품 기획을 하고 적정 가격을 산출해 홈페이지에 올린다. 주문이 들어오면 주문서를 받고 부품들을 모아서 선조립을 하고 윈도를 제공한다. 테스트를 한 번 더 해서 확인을 거치면 포장팀에서 포장하고 리뉴올PC가 배송이 된다.

중고 컴퓨터는 신뢰가 중요하다는 걸 우리는 인지하고 있다. AS나 반품이 들어왔을 때 어느 공정에서 잘못됐는지 누가 잘못했는지 알 수가 없으면 너무 답답했기 때문에 우리는 품질검사 실명제를 만들게 됐다. 시스템으로 관리할 방법을 강구하지 않으면 대량으로 주문이 밀려들어왔을 때 결함의 원인을 찾을 수가 없겠다 싶었다.

리뉴올PC가 완제품으로 출고되기까지 부품 공정별로 1·10번까지 섹션을 나누었다. 예를 들면 CPU를 담당하는 사람은 그것만 전담하고 그 1번 공정이 끝나면 바코드를 찍는다. 누가 했는지 어디까지 진행된 재공품인지 기록을 남겨놓고 다음으로 넘기는 것이다. 만약 나중에 에러가 발생했다면 데이터를 띄워서 확인하면서 문제를 짚어낼 수 있다. 이런 시스템들 덕분에 직원들도 작업을 더 꼼꼼하게 하게 됐다. 자기 이름이 들어가고 흔적이 남으니까 책임감이나 품질도 달라졌다. 이건 불량률을 확실히 줄이는 방법이기도 했다.

월드메모리는 판매도 하지만 무엇보다 제조에 강점을 지니고 있다. 많은 자본으로 대형 온라인쇼핑몰을 운영하는 AJ전시몰 같은 곳은 선작업한 걸 받아서 마지막 공정만 하고 포장해서 판매하는 경우가 많다. 그런 선작업을 믿고 의뢰하는 곳이 바로 우리 회사 같은 곳이다.

우리는 현장 매입으로 부품을 모으고 테스트를 통해 분류해서 B2B로도 팔고 조립 PC를 만들어서 B2C로 팔기도 한다. 의뢰가 들어온 공정에 따라 테스트를 끝내고 검수된 부품만 보내주기도 하고 본체를 조립해서 보내주기도 하는 것이다. 그러면 거래처는 주문에 맞게 포장 작업만 하는 경우도 많다.

우리 회사는 이 업계에서 필요한 모든 공정을 다 하고 있다. 컴퓨터 부품은 기본적으로 버리는 것이 없다. 모두 수리해서 쓸 수 있다는 뜻이다. 다만 수리를 하는 데 비용 효율이 나오지 않으면 인건비가 싼 해외로 수출된다. 그러면 그쪽 나라에서는 적은 인건비를 가지고 재제조의 나머지 작업들을 해서 리사이클 제품으로 쓰는 것이다. 신품을 제조하는 기술이 없는 국가에서는 그렇게 리사이클 제품을 쓰는 게 나쁜 일이라고 볼 수 없다.

🔲 중고 부품을 해외로 수출하는 진짜 이유

국내에서 쓰기 적합하지 않은 것은 해외로 수출한다고 하면, 해외에는 나쁜 걸 줘도 되는 거냐고 따지는 사람이 있다. 그런데 PC 부품이라는 게 불량인 상태는 있지만, 수리해서 못 쓰는 건 없다. 이 점을 모르면 오해가 생긴다.

부품을 바로 쓸 수 없는 상태인 것은 100% 공정이 다 이뤄지지 않았기 때문이다. 예를 들어 쿨러에 이상이 있으면 한국 기준에서는 컴퓨터가 안 켜지거나 소리가 나니까 불량이라고 할 수 있다. 그러나 쿨러를 빼내서 세척을 하든지 재생을 하면 다시 쓸 수 있다.

그런데 이걸 위해 인건비 5만 원을 줘야 한다고 치자. 국내에서는 5만 원의 비용이 드는데, 이걸 그대로 수출할 때 드는 비용이 1,000원이라면 국내에서 하지 않고 수출하는 것이다. 훨씬 비용 효율이 좋아지는 것이다. 그 정도 기술은 조금만 배우면 되고 어쨌든 그곳 현지에서 컴퓨터를 쓰기 위해서 수리하는 것이기 때문에 수출이 합리적이다.

만약에 노트북 액정이 깨져 있다면 나른 걸로 갈면 된다. 다만 그 공정을 누군가는 해야 해서 인건비가 들어간다. 그런 게

소량이라면 국내에서 하겠지만 어느 정도 대량 물량이 나온다면 수출로 보내는 것이 낫다. 그쪽에서는 더 적은 비용으로 완제품을 만들 수 있기 때문이다.

기본적으로 컴퓨터는 어떻게든 다 수리할 수 있는 것이지만, 너무 저사양이라서 수익성이 좋지 않을 때는 스크랩(폐기) 처리를 하는 것이 좋은 선택일 수 있다. 스크랩을 결정하고 컴퓨터를 해체하면 금이 나오든 금속이 나오든 그것대로 또 다시 쓰이기 때문에 환경을 위한 리사이클은 끝이 없다.

컴퓨터가 저가 제품일수록 스크랩 처리가 될 비율이 높다. 컴퓨터가 싸면 굳이 수리하는 데 비용을 들이지 않고 해체해서 쓰임이 있는 곳으로 보내는 게 좋다. 그러나 매입된 컴퓨터가 고가 제품이라면 어떻게든 수리해서 살려야 한다. 예를 들어 컴퓨터가 80만 원짜리인데 수리비용이 1만 원이라면 폐기하면 안 된다. 그렇지만 컴퓨터가 1만 원짜리인데 수리비용이 2만~3만 원이라면 스크랩하는 게 맞다. 이건 핸드폰도 마찬가지다.

다만 그걸 따질 수 있는 안목이 있어야 전체 공정을 설계할 수 있다. 컴퓨터가 쌓여 있는 걸 보고 어느 것이 1만 원짜리인지 10만 원짜리인지 값어치를 알아보고 매입할 수 있어야 한다. 단계 단계마다 의사결정을 정확히 할 수 있어야 하고, 그것들이 일정 규모가 되도록 만들어내야 한다. 그런 작은 단계의 판단들이 쌓여서 지금의 월드메모리를 만들었다고 생각한다.

네거티브 영상이
노이즈 마케팅으로
돌아오다

"오래된 부품들 진짜 싸게 가져와서 비싸게 파는 거야. 얘네들은 떼마진 먹는 거고 소비자는 속아서 손해를 보는 호구야." 사람이 이런 욕을 먹으면 중심이 흔들리게 되는 법이다. 나쁜 말은 빨리 퍼지기 마련이고, 회사 내부적으로도 애써 브랜딩한 리뉴올PC의 중심이 흔들리는 일을 겪었다. 리뉴올PC는 "그래 우리 중고 PC다"를 표방하는 브랜드이며 게이밍용, 사무용, 방송편집용 등 사용 목적에 최적화된 사양과 가격을 세팅한 맞춤용 PC이기도 했다. 예를 들어 온라인 교육에 쓰려고 사는 PC를 소비자는 굳이 최고 사양에 맞춰 구입할 필요가 없다. 목적에 맞춰 PC를 사니까 가성비 좋은 PC를 맞출 수 있는 것이다.

비방을 하는 사람들은 통계적으로 소수이며 실실석인 우리의 소비자가 아니라는 점을 인지하고 거기에 멘탈이 흔들리면 안 되는 것이었다. 그러든지 말든지 우리를 지지하고 구매하는 고객에게 집중했어야 했다. 더군다나 홈페이지 제품 문의에 들어와서 댓글을 다는 사람 중에는 딱히 살 생각이 있어 보이지 않으며 진짜 소비자가 아닌 것으로 보이는 사람도 있었다.

비방 영상을 만들어 올려서 유튜브 채널 구독자가 10배가 늘었다 한들 광고가 붙어도 본인에게 떨어지는 수익은 얼마 되지 않는다. 그런 작은 수익을 위해서 먹고살아야 하는 직원이 100명에 육박하는 기업 하나가 흔들릴 수 있다는 것은 경제적 관점에서 봐도 너무 손해이지 않을까. 그 과정에서 생기는 대부분의 이익은 플랫폼 회사가 가져가고, 비방에 의해 벌어지는 일들에 대한 고통은 당사자인 기업과 개인의 몫으로 돌린다는 것은 너무 이상한 일이다.

리뉴올PC 판매지수가 쭉 올라가다가 비방 영상이 퍼지면서 주춤했기 때문에 우리는 IT관련 전문 변호사를 찾아가 이 일을 의논했다. 10분도 안 되는 짧은 영상 때문에 재밌게 일해야 하는 시기에 소모적인 일에 에너지를 써버리고 있는 시간이 너무 아까웠다. 이때 우리가 일할 시간을 빼앗긴 기회비용에 대해서 변호사가 추산한 것이 2억~3억 원이었다.

📟 한번 생긴 얼룩은 빨아도 흔적이 남는다

그전까지 소비자들의 반응은 "신선하다. 이런 거 사서 쓰면 되겠네. 뭐 하러 비싸게 컴퓨터 사냐. AS 다 해주고, 윈도도 정품인데"라는 분위기였고, 판매량이 폭발했다. 그런데 비방 영상이 퍼지고 안 좋은 이미지가 보태지기 시작하자, 반품 전화도 많이 오고 취소 건도 생기고 급증하고 있던 판매량에 브레이크가 걸렸다. 무엇보다 댓글에도 욕이 달리기 시작하면서 우리는 정신적으로 힘이 들었다. 살면서 어디서 그런 말들을 들어볼 일이 없는데 막상 직접적으로 욕을 대한다는 건 참 힘겨운 일이었다. 인신공격성 댓글을 볼 때는 정신적 스트레스가 컸다.

나뿐 아니라 임직원 모두가 너무나 스트레스를 받았기에 우리는 비방 유튜버를 찾으면 선처를 안 할 생각이었다. 그런데 범인을 찾고 보니 왜소한 체구의 19살 고등학생이었다. 그것도 넉넉지 않은 집의 아이였는데, 어린 아이 인생에 빨간 줄을 쉽게 그을 수도 없는 일이라 정말 곤란했다. 목소리만 들었을 때는 아저씨 같은 목소리라서 성인일 것이라고 생각해서 강력하게 처벌하기 위해 찾은 것이었지만, 결국엔 선처해주었다. 이 학생 어머니는 목사님한테 빌려왔다며 변호사 비용을 가져왔다. 얼마나 힘들게 빌려왔을까 싶어서 슬펐고, 우리는 우리대로 브랜딩에 타격을 입었다고 생각하니 더 슬펐다.

폭리를 취하고 비싸게 판다는 비방 영상은 비방 글로 번졌는데, 아직도 그 흔적들이 남아 있는 걸 발견할 때가 있다. 의혹도 아니고 그냥 단정지어서 '용팔이보다 악덕하다'라는 식으로 써놓은 글들도 있었다. 이 비방 유튜버들을 고소하기 위해 홍보팀은 전사적으로 직원들과 장기간 준비했다.

우리가 소송 준비를 시작하자 나중에는 자진해서 비방 영상을 내리는 사람들이 많았는데, 그중에는 끝까지 버티는 사람들이 2명 정도가 있었다. 그들에게는 대화를 시도했는데, 스스로 자신들이 올린 내용이 틀리지 않는다고 믿고 있었다. 우리는 인건비, 물류비, 포장비 등 소비자에게 한 제품이 도착하기까지 어떤 노력들이 이루어져야 하는지 그 비용 내역을 다 공개했다. 단순히 매입 부품의 가격을 플러스한 것만으로 비싸게 판다고 믿는 것은 대부분의 유튜버들이 경제 관념이 없는 대학생이거나 고등학생이기 때문에 벌어지는 일들이었다.

회사를 운영하는 데는 모든 단계에 돈과 노력이 든다는 걸 그들에게 알려주었더니, 영상을 내리는 사람도 있었고 끝까지 안 내리는 사람이 한 명 있었다. 그러면서 그가 요구한 것은 컴퓨터를 공짜로 달라는 것이었다. 우리는 기한을 제시하면서 기회를 주겠다고 했고 영상을 내리지 않아도 좋지만 대신 고소장은 날아갈 수 있다고 최종 통보했다.

비방 콘텐츠를 올리는 사람들 중에는 24시간만 노출되는 스토리 같은 곳에서 욕을 하고 빠지는 사람들도 있었다. 영상이 안 남게 하려고 하는 건데, 우리 직원들은 그런 것들을 보면서 일일이 캡처를 떠놓아야 했다. 악플에 시달리는 연예인들이 이해가 갈 정도로 별의별 사람이 다 있었다. 부품 가격 비교를 하면서 폭리를 운운하는 사람은 애교에 불과할 정도였다.

우리는 이런 노이즈들에 대응하기 위해 비방 내용 하나하나에 대한 반박 자료를 준비해야 했다. 때로는 외국 회사 부품까지 자료를 준비해서 이 성능 저 성능이 다르다는 것 등을 고소장 내용에 첨부해야 했다. 파워 같은 것도 설명하기가 어려운데 홍보팀 직원뿐 아니라 기술직 직원들까지 붙어서 자료 준비를 해야 해서 일하는 데 상당히 지장을 주었다. 직원들도 덩달아 스트레스를 엄청 많이 받았다. 하루아침에 끝나는 일도 아니었고 3개월 정도는 거의 해야 할 일을 제대로 하지 못했다. 신명나게 일해도 모자랄 판에 시간을 너무 많이 뺏겼다.

아마도 이건 법정까지 가지는 않았기 때문에 비교적 짧게 끝난 것이었을지 모른다. 유튜브는 외국 회사이기 때문에 연락처를 요구하고 자료 정보를 받는 데 한참을 기다려야 한다. 우리가 고소했던 유튜버는 네이버 이메일 주소를 남겨놓은 게 있어서 경찰서에 연락해서 조치를 취할 수 있었지만, 그런 게 없었다면 상대방을 찾기도 너무 어렵고 오래 걸렸을 것이다. 구글에서 협조하지 않으면 고소 자체를 진행할 수 없는 경우도 많다고 들었다.

🖳 비방 댓글 vs 옹호 댓글, 이슈를 만들어내다

"저희 법무팀과 변호사 사무소에서 법적 대응을 준비하고 있습니다. 허위사실 유포에 대해서는 강력하게 법적 처벌을 하겠습니다." 이것은 리뉴올PC 홈페이지와 블로그, 인스타그램 등에 올렸던 공지 내용이다. 그러자 유튜버들은 스스로 영상을 삭제하기 시작했고 비방 글이 많았던 IT 커뮤니티에서는 주인장들이 '리뉴올PC 언급 금지' 공지를 띄우기도 했다. 리뉴올PC가 어떻다더라 식의 글들이 많이 올라오니까 주인장들은 "저희는 책임질 수 없으니 언급하지 마십시오"라고 한 것이다.

그리고 나는 스트레스를 받기보다는 돈에 대한 욕심을 버리기로 했다. 만약 영업이익이 8억 원으로 나왔다면 4억 원만 벌었다고 생각하기로 한 것이다. 그렇게 마음먹었더니 의외로 편안해질 수 있었다. 또 이런 일련의 사건들을 통해서 우리가 얻은 것들이 있는지 생각해보았다. 소송을 위한 반박 자료들을 준비하려면 기술직원들도 모두 동원해야 했는데, 이참에 직원들이 자기 업무에 대한 프로세스와 배경지식을 정리할 수 있었다. 눈앞의 바쁜 일에만 치이다 보면 하기가 쉽지 않은 정리 작업이었는데 바로 그걸 하게 된 것이다.

업계 안에서의 시선을 느끼는 계기도 됐다. 20년 동안 컴퓨터 업계에서 일하면서 중고 업체가 연예인을 써서 광고를 만들고 몇억 원씩 브랜딩에 투자한다는 걸 의아하면서도 대단하게 생각했던 것 같다. 소비자들 중에 어린 학생들은 회사 경영에 관한 걸 잘 몰라서 비용은 무시하고 단순 계산으로 영상 콘텐츠를 만들었지만, 거기에 반박하는 사람들도 있었다. "내가 직접 사서 써봤는데 가성비 좋고 제품도 괜찮더라" 등의 콘텐츠도 등장하기 시작했다.

그러다 보니까 각종 IT를 다루는 커뮤니티, 유튜브 등에서 리뉴올PC를 다루는 콘텐츠가 엄청나게 많이 늘어났다. 판매량은 마구 올라가다가 주춤하기도 했지만, 대신에 충분히 숨 고르기가 된 것 같다. 커뮤니티들에서 왈가왈부하니까 장기적으로는 노이즈 마케팅이 돼서 홍보가 저절로 됐고 판매량이 다시 올랐다.

컴퓨터 같은 고가의 장비를 살 때는 남의 의견에 휘둘리는 사람만 있는 건 아니다. 대부분의 사람들은 신중하게 자기 생각으로 판단해서 행동한다는 걸 확인할 수 있었다. 처음에는 당황했지만 시간이 지나면서 해결방안은 찾을 수 있었다. 노이즈 마케팅을 의도적으로 만드는 사람들도 있다고 들었는데, 우리는 홍보비를 안 쓰고도 이름을 알린 셈이 되었다.

비방하던 유튜버가 직접 홍보에 나서다

리뉴올PC를 론칭하고 유튜브, 라디오, 지하철, 버스 광고 등을 집행하는 한편으로 우리는 홍보할 수 있는 박람회가 있는지 찾아다녔다. 처음엔 여력이 없어서 보류했지만 홈페이지도 따로 오픈했다. 매입 브랜드인 월드메모리 홈페이지와 별도로 리뉴올PC 온라인 쇼핑몰을 따로 두었는데, 대형 행사에 참가할 기회를 얻는 데에도 그게 도움이 될 것 같았다.

그러다가 CJ ENM에서 행사에 협찬해 줄 수 있는지 의뢰를 해왔다. 리뉴올PC가 연세대학교 보건과학대의 e스포츠대회에 초대되었던 적이 있는데, 행사 모습을 봤다고 했다. 양재에서 했던 서울 1인 방송 미디어쇼에서도 우리의 행사 모습을 본 것 같았다. 1인 유튜버들을 위한 장비들을 홍보하는 행사였는데, 그런 활동을 열심히 하다 보니까 입소문이 생겨난 것 같다.

CJ ENM에서는 게임영상 창작자 축제로 '게임콘 2019 서울'을 기획하고 있었다. 9,000여 명이 방문한 이 행사에서 우리는 게이밍PC를 협찬했고 홍보 효과도 굉장했다.

게임콘(GAMECON)은 행사 성격이 박람회가 아니라 말 그대로 게임 콘서트다. 대도서관, 감스트, 보겸, 테스터훈, 잠뜰 등 59개 인기 크리에이터 팀이 준비한 18개의 무대가 있는 행사였다. 게임 라이브 스트리밍 전용 서비스인 트위치(Twitch)의 라이브 방송에서는 하루 동시간 접속자 수가 최대 약 3만 명을 기록하기도 했다.

CJ ENM은 처음에 협찬을 의뢰하면서 어떤 프로모션을 제공해줄 수 있고 우리가 어떤 베네핏을 받을 수 있는지, 얼마의 광고 효과를 얻어갈 수 있는지 잘 정리한 제안서를 보내주었다. 리뉴올PC 홍보 입간판이 몇 군데에 세워질 것이며, 무대에서 크리에이터들이 게임 대결을 하고 있을 때 다른 한쪽에서는 커다란 전광판에 리뉴올PC의 광고 영상이 몇 초에 한 번씩 플레이될 예정이었다.

🖥 무대에서 리뉴올PC로 게임하는 유튜버들

2일간 열리는 행사 중 하루는 게임 관련 인기 유튜버들 12팀이 편을 나누어서 대결을 하는 게임 시연 같은 무대가 있었다. "지금 눈쟁이 님이 사용하고 있는 PC는 리뉴올PC에서 협찬하셨습니다." 이런 멘트를 두 번 이야기해주기로 약속돼 있었는데, 사회자는 그걸 제대로 전달받지 못했는지 여러 번 내용을 반복했다. "지금 머독 님이 사용하고 있는 PC는 리뉴올PC에서 협찬하셨습니다." 양 팀의 유튜버 이름을 바꿔가면서 사회자는 협찬사 리뉴올PC 이름을 말해주었다.

무대에는 양쪽으로 게임 유튜버들이 앉아 있고 게임이 진행되는 동안 무대 한가운데에서는 대형 스크린이 게임 상황을 보여주고 있었다. 유튜버들마다 팬덤이 어마어마한데 협찬사 멘트를 할 때마다 "리뉴올PC? 그게 뭔데?" 웅성웅성하는 소리가 들렸다. 그 멘트가 나오고 나면 잠시 무대의 오디오가 꺼지고 다른 한쪽에 자리하고 있는 전광판에서 이시언 씨가 나오는 리뉴올PC 광고 영상이 플레이됐다. 사람들이 웅성거리는 소리를 들었는지 사회자는 설명하는 멘트까지 해주었다. "지금 이시언 씨가 광고하는 영상이 나오고 있습니다."

무대에서 유튜버들이 게임을 멈추고 있을 때는 아예 광고만 계속 플레이됐기 때문에 효과는 아주 좋았다고 생각한다. '리뉴올PC 홈페이지 가입 시 컴퓨터를 드립니다'라는 이벤트 엑스배너가 출입구, 화장실, 행사장 곳곳에 놓여 있었다

그런데 우리의 시선으로 봤을 때 이 상황이 너무 재밌었던 건 리뉴올PC에 대해 중고 부품을 쓴다며 비방하던 유튜버가 저 무대에서 리뉴올PC로 게임을 하고 있었다는 사실이다. 구독자가 50만 명이 넘어가는 노련한 유튜버들은 법적 논쟁을 피하는 방

법을 잘 안다. 욕을 한다거나 이미지를 가져다 쓴다거나 이름 전체를 말하지 않고 "왜 요새 좀 핫한 거 있잖아요. 리, 응, 그거" 이런 식으로 넘어간다.

게임콘 이후에도 "여러분 중고컴 사면 안 돼요"라며 리뉴올PC를 싫어하던 그 유튜버는 자기 이름을 붙인 조립 PC를 브랜드화해서 팔고 있다. 그래서인지 신품 조립 PC의 구매를 권장한다. 중고 컴퓨터 사지 말라는 영상에는 "리뉴올PC 말하는 거야"라고 실명을 거론하는 댓글이 달리기도 했는데, 게임콘 이후로는 "너도 썼잖아, 게임만 잘 되던데", "아무렇지도 않던데, 욕할 거 뭐 있냐"라는 댓글이 달리는 걸 봤다.

우리 회사에서는 소심하게도 비방성 글에 한 번도 댓글을 달아본 적이 없는데, 이렇게 자연스럽게 자정 작용이 일어나니까 댓글을 달아준 분들께 너무나 고마울 따름이었다. 소송 공지와 시연 행사로 인해 비방 콘텐츠가 많이 줄어들고, 따라하기 식으로 비방 콘텐츠를 올렸던 사람들이 자진 삭제함에 따라 상황은 잡혀갔다.

▣ "너네 백두산만큼 팔았다며?"

비방 콘텐츠가 한창 횡행할 때는 "괜히 눈에 띄는 행동을 해서 타깃이 되었나 보다"라며 아내가 걱정하는 일을 많이 했다. 광고 제작을 아내가 주도해서 진행했기 때문이다. 그렇지만 만약 광고를 안 했다면 새로운 시장을 만들지 못했을 것이라고 생각한다. 중고 PC에 대한 인식은 여전히 좋지 않았을 것이며, '새 컴퓨터로 중고 PC를 사도 되겠다'라는 인식 또한 생겨나지 못했을 것이라고 생각한다.

리뉴올PC 론칭 때 사내에는 브랜딩에 돈을 쓰는 걸 반대하는 직원도 있었다. 실행하기 전에는 이렇게 돈이 많이 들지 몰랐기 때문에 무식해서 용감했던 것도 맞다. 그렇지만 광고 비용을 쓰지 않았더라도 온라인 판매를 더 하기 위해 어떻게든 우리는 새로운 길을 개척해나갔을 것이라고 생각한다.

리뉴올PC는 셀럽을 모델로 광고를 만들고 중고 PC에서 브랜딩을 한 최초 사례이기 때문에 의미가 있었다고 생각한다. 업계에서는 많이들 놀란다. 우리가 어떤 행보를 할 때 주변에서 자꾸 사진이나 캡처를 보낸다. 우리 회사 재무제표도 다른 회사 사람들이 많이들 본다는 걸 알았다.

"야, 너네가 백두산만큼 팔았다매?" 어느 날은 이런 문자가 왔다. 홈페이지 상세페이지에 영화 〈백두산〉 협찬 기념으로 올린 내용을 보고 날아온 문자였다. 홈페이지에 올린 내용은 그동안의 리뉴올PC 누적판매량을 일자로 쌓으면 백두산 높이의 127배만큼 된다는 것인데, '이렇게 인정받고 있는데 당신도 써볼래요?' 하는 메시지를 담았다.

이제 우리는 업계에서 부러움의 대상, 견제 대상, 비교 대상, 시기의 대상이 되고 있다. 우리가 일한 결과는 눈에 보이겠지만 우리가 일하는 과정은 눈에 안 보일 테니 억측이나 견제도 있을 것이다. 우리가 다음 행보로는 무얼 할 건지 궁금해하는 것 같기도 하다. 월드메모리 홈페이지에 올라가 있는 매입 단가를 보고 다른 업체들도 단가 조정을 하듯이, 앞으로도 업계 표준을 만들어가는 회사로 남고 싶다.

　리뉴올PC를 론칭한 지 얼마 되지 않았을 때 지인을 통해 협찬을 해줄 수 있는지 문의가 들어왔다. 〈바람이 분다〉라는 JTBC 드라마였는데, 이것이 리뉴올PC가 가장 처음으로 협찬했던 드라마다. 그것이 인연이 돼서 이유리 주연의 채널A 드라마 〈거짓말의 거짓말〉에도 협찬했다. 초창기에는 드라마나 영화에도 협찬한 업체라는 점을 어필하기 위해 홈페이지에 적어넣을 한 줄을 추가할 목적으로 협찬 의뢰에 응했다. 협찬한 영상은 이미지 작업을 해서 컷을 사용할 수 있기 때문이다.

　2022년에 개봉한 영화로는 최민식 배우가 탈북한 천재 수학자로 나오는 〈이상한 나라의 수학자〉에 협찬했다. 송강호, 이병헌, 전도연, 김남길, 임시완 등의 캐스팅으로 화제가 된 영화 〈비상선언〉에도 리뉴올PC가 협찬했다. 이런 작품들에 협찬을 했는데 혹시라도 인기가 없으면 우리의 홍보 효과도 상대적으로 떨어진다. 드라마나 영화 제작사 입장에서는 경비를 아끼면서 영화를 찍을 수 있으니까 좋겠지만 이런 협찬이 너무 쌓이면 부담스러운 것도 사실이다. 그래서 최근에는 협찬에 신중을 기하고 있다.

컴퓨터에 붙어 있는 '인텔 인사이드(intel inside)'라고 쓰여 있는 스티커를 많은 사람들이 알고 있을 것이다. 이것은 1991년부터 인텔이 본격적으로 시작한 산업재 최초의 브랜드 마케팅이다. 이 캠페인은 최종 사용자에게 품질에 대한 신뢰감을 심어주는 브랜드 로열티를 확보할 수 있게 해주었다. 인텔은 자신들의 CPU를 받아다가 PC를 생산하는 기업들의 광고 마지막 부분에 인텔 인사이드를 딱 3초씩 노출했고, 그것은 효과적이었다.

그들처럼 우리도 협찬하면서 우리 이름을 알리고 싶은 마음이 컸다. 드라마나 영화가 다 끝나고 나서 엔딩 크레딧이 올라갈 때 이름이 들어가긴 하지만 솔직히 많은 사람들이 그건 잘 보지 않는다. 영상 속에서 컴퓨터가 나온다 해도 그런가 보다 하지 어디에서 협찬했는지 궁금해하는 사람도 없다. 우리 제품을 비출 때 표시가 돼 있어야 하지 않을까 싶어서 물어봤는데 그렇게 할 때는 1,000만 원대의 광고비를 내야 한다고 한다. 우리가 비용 대비 효율을 높이려면 히트할 만한 드라마나 영화를 선별해서 협찬해야 한다는 뜻이다.

돌이켜보면 넷플릭스 드라마 〈오징어 게임〉을 놓쳤던 것이 가장 아쉽다. 처음에는 모니터 150대 협찬을 의뢰받았는데, 그 때쯤에는 협찬보다 대여를 권하고 있었기 때문에 한 대당 1만 원씩 대여해드리겠다고 했다. "그러면 20대만 해주세요. 딴 곳 이랑 연락해서 모아볼게요" 하는 걸 거절했는데, 그 작품이 글로 벌 대박이 나고 말았다.

우리가 협찬한 작품 중 가장 히트한 것은 넷플릭스 드라마 〈D.P.〉였다. 원래는 영화 장면에 우리의 이름이나 로고가 들어가는 것이 어렵지만, 이 작품에는 워낙 많은 양을 협찬해서 로고를 넣어주었다. 지하철 씬에 리뉴올PC가 크게 들어갔는데, 지인이 이걸 봤다며 사진을 찍어서 보내주기도 했다.

영화나 드라마 협찬이 매출에 직접적인 도움을 주는 건 솔직히 아니다. 그렇지만 이마트 입점을 할 때라든가 대기업과 일할 때는 홍보용으로 도움이 됐다.

📟 신비한 PPL의 세계
리뉴올PC 광고를 찍은 이시언 씨는 당시에 〈나 혼자 산다〉에 출연 중이었다. 광고 촬영 후 컴퓨터 2대를 무상으로 제공해드렸는데, 혹시 〈나 혼자 산다〉에 나오는 집에서 사용하는 모습이나 친구가 집에 와서 게임을 같이 하는 모습이 영상에 비추기를 기대했다. 실제로도 이시언 씨는 그 컴퓨터를 집에서 사용한다. 당시에 PD와 전화해봤는데 그렇게 나오는 건 안 된다고 했다.

이시언 씨가 광고하는 제품이라는 걸 PD가 알고 있기 때문에 원칙적으로 안 되는 일이라고 한다. 방송국의 수익모델이 있는데 그냥 봐주면 PD가 뇌물수수 오해를 받을 수도 있겠구나 싶어서 이해했지만 아쉬웠다.

요새는 예능 프로그램에 PPL이 들어오면 무조건 찍어야 되고 열심히 찍어야 된다고 출연진들이 이야기하는 걸 볼 수 있다. 심지어 모델이 그 제품을 사용하면 광고비는 더 올라간다. 치킨만 노출되는 것과 연예인이 먹는 모습이 노출되는 건 광고비가 다르다. 예를 들어 컴퓨터가 그냥 있으면 3,000만 원, 멘트까지 하면서 사용하면 5,000만 원, 이런 식으로 광고비가 올라간다. 오랜 시간 노출된다면 1억 원으로 올라갈 수도 있다.

이런 경우도 가능하다. 이시언 씨가 집에서 평소에 리뉴올PC 2대를 쓰고 있는데 만약에 다른 업체에서 PPL 협찬을 해주겠다고 하면, 원래 쓰고 있던 리뉴올PC를 빼고 협찬 PC를 배치해 넣고 찍게 된다. 신비한 PPL의 세계다.

이시언 씨는 〈나 혼자 산다〉에 리뉴올PC 노출이 예정대로 되지 않은 후 미안하다고 느꼈는지 리뉴올PC 관련 내용이 인스타그램에 올라가면 '좋아요'를 눌러주는 일이 많아졌다. 이마트에 오프라인 매장을 열었을 때도 아무 대가 없이 직접 찾아와서 본인 계정에 사진을 찍어서 올려주었다. 셀럽들이 SNS에 콘텐츠를 올릴 때 500만~3,000만 원 또는 그 이상의 비용을 받는다는 점을 생각하면 참 고마운 일이었다.

광고 촬영장에서 우리 회사는 광고모델을 처음 써보는 것이어서 떡을 맞춰가서 스태프들에게 돌렸던 적이 있다. 그날 광고모델이 내용상 떡볶이를 먹어야 한다는 건 생각지 못했다. 우리 실수였는데 그런데도 이시언 씨가 "챙겨줘서 고맙다"라며 배가 불러도 떡을 시식하는 모습을 보고 "우리 모델 인성이 너무 좋다"라고 한목소리로 말했던 기억이 있다. 그동안 이시언 씨는 광고주가 요구하는 것들이 많아서 항상 주눅이 들었다고 한다. 이렇게 자신을 위해 떡을 준비해준 경우는 처음이라 감동했다고 들었다.

▣ '이시언컴퓨터', 검색어로 효과가 나타나다

'우리의 광고가 성공했구나'라는 건 네이버에 키워드 광고를 할 때 실감한다. 네이버에서 사람들이 특정 키워드를 많이 검색하면 거기에 대한 광고 단가가 올라간다. 만약 '리뉴올PC'를 사람들이 많이 검색하면 '리뉴올PC'라는 검색어에 광고비를 많이 내야 한다. 클릭당 광고비용이 기본 70원이라면 이시언컴퓨터는 300원, 이런 식으로 올라간다. 물론 검색하는 사람이 줄어들면 그만큼 광고비는 다시 줄어든다.

검색창에 '리뉴올PC'를 검색하면 연관검색어로 '이시언컴퓨터'가 자동 완성이 된다. 사람들은 '리뉴올PC'라는 이름은 금방 떠올리지 못해도 "이시언이 광고했던 거, 그거 뭐지?"라고 기억해서 '이시언컴퓨터'라고 검색한다는 이야기가 된다. 네이버 검색뿐 아니라 11번가, 쿠팡, G마켓, 옥션 같은 오픈마켓에서도 '이시언컴퓨터'라고 검색하면 리뉴올PC가 나오게 연결할 수 있다. 이게 얼마나 대단한 거냐면 이시언보다는 이병헌이 훨씬 인지도가 높은 인물이지만, '이병헌컴퓨터'를 검색한다고 해서 컴퓨터가 검색되지는 않는다는 것이다.

이시언컴퓨터, 중고 컴퓨터, 리뉴올PC는 이미지를 연결할 수 있었고, 결과는 좋았다. 브랜드에 대한 가치는 전사가 공유하면서 이미지를 유지하는 노력을 동시에 하는 것이 중요하다. 직원들에게 브랜딩 개념이 없었는데 '이시언컴퓨터 리뉴올PC'라는 키워드를 선점하면서 자부심이 생기고 있다. 직원들이 SNS 메신저 프로필 사진에 브랜드 로고를 가져다 올린 걸 많이 봤다. 여기서 일하고 있다는 것을 당당히 보여주고 있다는 뜻이다. 그걸 보면 마음이 웅장해지는 것 같아서 기분이 묘하다.

애써 만들어낸 이미지는 방향성에 맞게 잘 유지하는 것도 중요한 것 같다. 광고 모델을 변경하면서, 당시에는 중고 컴퓨터에 안 좋은 부품을 썼다며 논란이 되고 있었을 때라서 그것에 반박하는 의미의 콘셉트를 잡았다. 그런데 이전보다 효과가 좋지는 못했다. 처음 콘셉트에서는 "게이밍컴퓨터 559,000원? 우와 싸다" 이런 흐름으로 가니까 '나도 사야겠다'라는 구매욕으로 바로 이어졌는데, 여기에서는 말이 많았던 것들에 신경 쓰다 보니까 중심이 흔들렸던 것 같다. 논란은 논란대로 별도의 조치를 하고, 광고는 구매로 이어지는 이미지 구축 전략으로 갔어야 했다. 우리의 장점을 유지하고 각인시키는 데 집중해야 한다는 교훈을 얻는 계기가 되었다.

리뉴올PC 광고를 유튜브, 버스, 라디오만 하다가 2020년에는 TV에도 광고를 시작했다. 이걸 보고 이마트에서 연락이 왔는데, 이 담당자는 처음에 '중고 컴퓨터가 무슨 TV광고를 하지?' 호기심이 들었다고 한다. 광고비는 몇억 원을 썼는지 물었는데 몇천만 원밖에 안 썼다고 하니까 그 많은 횟수를 그 가격에 어떻게 했냐고 깜짝 놀랐다.

입점을 권유하길래 검토해보았는데, 우리는 매줄 향상보다는 홍보 차원에서 도움이 될 것이라고 생각했다. 이마트 매장에서는 월세를 내는 것이 아니라 매출 대비 수수료를 내는 것이기 때문에, 한 개의 매장에서 매출이 하나도 안 나더라도 인건비 두 명 정도 비용을 홍보비도 쓴나고 생각하고 시작하기로 했다. 2020년 8월 영등포 타임스퀘어점을 시작으로 9월에 일산 킨텍

스점, 10월에 인천 연수점을 오픈했다.

이마트 입점을 앞두고 엄청난 양의 서류를 준비했다. 재무제표는 물론이고 품질인증서, 신용평가등급 등 정말 깐깐하게 많은 것들을 요구받았다. 그렇지만 일단 이마트 입점을 하고 나니까 "중고 컴퓨터가 이마트에 들어왔어?"라는 놀라움과 함께 우리의 신뢰도가 올라갔다. 악플이 달릴 때도 "얼마나 깐깐하게 검증하고 이마트에 들여보냈겠어, 다른 중고컴이랑은 좀 다를 거다"라면서 일명 '쉴드쳐 주는' 사람들이 등장했다.

이마트 입점을 준비하면서 대기업 바이어를 상대하는 게 처음이라서 솔직히 긴장을 좀 했다. 유튜브만 찾아봐도 '바이어와 협상할 때 기죽이는 법', '우위에 설 수 있는 방법' 등 콘텐츠가 많았다. 그런데 우리는 솔직하게 말하고 도움을 구하기로 했다.

바이어도 자신이 론칭하는 매장이 매출을 많이 올리도록 노력을 기울인다. 많이 팔려야 수수료를 더 받기 때문이다. 그렇다면 대부분의 유튜버가 말하는 것처럼 바이어는 이겨야 하는 대상이 아니라 한 배를 탄 관계다. 내가 기죽을 필요도 없고 상대를 기죽여야 할 필요도 없다. 이마트라는 거대 기업과 상대한다고 생각하지 말고 이마트 담당 직원과 커뮤니케이션한다고 접근하니까 쉬워졌다. 우리 같은 중소기업은 처음으로 작성해야 하는 1단계 사업계획서부터 막막함을 느낄 때가 많았다. 그래서 솔직히 물었더니 다른 곳은 어떻게 하는지 샘플 사례를 들을 수 있었고, 하나하나 단계마다 안내를 세세하게 받을 수 있었다.

🖳 팝업 행사 한 번에 5,000만 원 매출, 비결은 협업

2020년 8월에 오픈한 이마트 일렉트로마트 영등포점은 코로나19로 인해 사무용PC 수요가 늘어나면서 매출이 좋았다. 직장인은 재택근무로, 학생들은 온라인 수업으로 인해 한 가정에서의 세컨드PC 수요가 늘어난 것이다. 온라인 매출도 좋았지만 오프라인 매장도 역시 매출이 좋았다.

영등포는 사람이 늘 오가는 곳이다. KTX를 타러 가는 사람, 다른 지역에서 오는 이동인구가 많다. 킨텍스점과 연수점이 지역 상권이라면 영등포는 중간교통지다. 지방에 내려가려고 하는데 기다리는 동안에 구경하러 왔다는 사람이 많았다. 홍보 효과로는 최적의 장소였다.

매출이 잘 나오다 보니까 이마트 영등포점에서 팝업 행사를 권했다. 리뉴올PC는 일렉트로마트에 들어가 있는데 그 입구에서 행사장을 세팅했다. 삼성이나 LG 가전제품들도 전시돼 있는 곳에서 우리에게 행사장을 마련해준 것이다. 일주일 동안 행사를 하는데 시기적으로 참 운이 좋았다. 그때 삼성에서 최신 제품 휴대폰을 타임스퀘어 내 일렉트로마트에서만 공개했다. 그걸 보기 위해 많은 사람들이 줄 서서 기다리고 있었고, 리뉴올PC의 전시를 볼 수밖에 없게 된 것이다.

이 팝업 행사에서만 우리는 5,000만 원 이상의 매출을 올렸다. 우리는 행사에서 시선을 끌기 위해 게이밍 기기 브랜드 미시크로닉스(한미마이크로닉스)에서 대왕 키보드를 협찬받았다. 일반 키보드를 놓고 옆에 대왕 키보드를 놔두고 있었는데, 키보드 알 하나에 7cm가량 되는 사람 키만 한 키보드였다. 모니터가 세팅 돼 있었기 때문에 '리뉴올PC 너무 좋아요' 이런 멘트를 빨리 치면 선물을 하나씩 주고, 사람이 모여들면 우리 제품을 자세히 설명할 수가 있었기 때문에 효과가 좋았다. 사람들이 지나가다가 "뭐지?" 하고 와서 두드려보고 가곤 했다. 이 대왕 키보드는 유튜브들이 콘텐츠로 만들었던 적이 있어서 "어, 그때 봤던 거다" 하면서 빨려들듯이 우리 부스를 향해 오는 사람이 많았다.

우리는 제품이 본체랑 모니터만 구비돼 있기 때문에 팝업 행사를 할 때 키보드, 마우스, 헤드셋 등 주변기기들을 앱코나 마이크로닉스 등의 협력업체들에게 지원을 받았다. 덩달아서 그 업체들도 인지도가 올라갈 수 있어서 윈윈할 기회였다. 지금도 고맙다며 연락 올 정도로 홍보 효과는 좋았다. 이마트 바이어는 "팝업 행사장 중에 세팅이 이렇게 잘 된 건 10년 만에 처음 봤어요"라고 했다.

현대백화점, 홈플러스에도 입점해 주세요

이마트 세 곳 매장에서 매출이 잘 나오자 현대백화점, 홈플러스 등 대기업은 물론 세이브존이라는 중소형 생활마트에서도 입점을 권하는 제안이 들어왔다. 대부분은 리뉴올PC의 콘셉트와는 잘 맞지 않는다고 판단해서 고사했다.

현대백화점에서는 여러 번 제안을 했는데 우선 유플렉스관에서 팝업 행사로 해보고 싶다고 했다. 유플렉스관은 젊은 층을 대상으로 하기 때문에 어떤 효과가 날지 궁금했다. 지금은 큰 기업이 돼버린 스타일난다 같은 인터넷 쇼핑몰도 초창기에 유플렉스관에 입점해 있었던 선례가 있었다. 그러나 우리의 판단으로는 팝업 행사만으로는 매출까지 연결시키기에 적합하지 않았다. 백화점에서 중고 컴퓨터를 사는 사람을 기대하는 것도 무리였다.

이마트는 일렉트로마트라고 해서 전자제품만 모아놓은 곳이 있었기 때문에 10개 지점까지 계약을 진행했다. 이마트 영등포점에서 팝업 행사를 하면 많은 사람들이 일렉트로마트 안에 있는 매장으로 유입이 됐다. 입구에서 팝업 행사를 할 때 제품에 대해 설명하면서 "매장이 안에 있어요" 하면 사람들은 매장 안으로 들어와서 구매하곤 했다. 그러나 팝업 행사장만 있다면 사람들은 신뢰를 갖지 않을 것이다. 소비자 입장에서 전자제품은 AS가 중요하기 때문에 매장이 있는지 확인하고 컴퓨터를 사고 싶을 것이다.

게다가 코로나19 방역이 강화된 이후로는 집객을 할 수 없었기 때문에 한 매장당 1억 원 매출을 정점으로 찍었던 후로 1년이 지나자 하락세가 되었다. 코로나19가 장기화되면서 2021년 들어서는 이마트도 영등포점만 홍보 차원으로 남겨두고 나머지 두 개 매장은 계약 종료에 맞춰 철수하기로 했다. 계약을 진행하려던 10개 지점도 상황을 보고 다시 늘리기로 결정했다. 처음에는 영등포점까지 모든 지점을 과감하게 정리하려고 했지만, 영등포점만은 홍보 차원에서 놔두기로 했다.

코로나19 방역은 온라인 매출이 늘게 한 반면에 확실히 오프라인 매장의 매출 감소에 영향을 준 것이 맞다. 영등포점만 해도 피규어 매장이 빠지고 우리가 들어간 것이었는데, 어떤 매장은 하루에 10만 원 정도 나오는 곳도 있었다. 그러면 이마트 입장에서는 13% 수수료라고 했을 때 하루 수익이 1만 3,000원이었던 거니까 매출이 잘 나오던 리뉴올PC가 고마웠을 것이다.

"우리 광고,
전지현이랑
같은 급이야"

이시언 씨가 등장하는 리뉴올PC 광고 영상의 반응이 좋아서 우리는 이것을 더 활용하기 위해 TV 광고를 집행하기로 마음먹었다. 라디오, 지하철, 유튜브 외에도 공중파에 나가면 신뢰도가 확실하게 생길 것이라 생각했다. 고비용을 지불하면 광고를 잡을 수 있는 방송국 시스템에서 대기업들이 TV 광고를 채우고 있는 건 어찌 보면 당연한 일이다. 별도의 도움이 없었다면 우리 같은 중소기업이 비집고 들어갈 자리를 확보하는 건 정말 힘든 일이었을 것이다.

KBS와 MBC는 코바코(kobaco, 한국방송광고진흥공사)에서 방송 광고를 위탁받아서 판매한다. 이곳은 공사이다 보니까 중소기업을 위한 지분을 할당해 주는데, 우리 회사는 혁신형 중소기업 혜택으로 70%의 비용을 지원받아서 MBC에서 TV 광고 집행을 할 수 있었다. 한 달에 광고비로 3,000만 원 정도를 지불했는데 실제로는 2억 원 정도 분량의 광고시간을 확보할 수 있었다.

이때는 운도 좋았다. 중소기업 혜택을 받았다고 하지만 시청률이 좋은 프로그램은 광고비를 많이 지불하는 대기업들이 차지하기 때문에 우리가 기본적으로 배정받은 프로그램은 MBC 뉴스데스크 앞이었다. 원래는 인기가 없는 광고시간대라서 중소기업에게 배정해준 것인데, 당시는 코로나19 상황에 대한 공포감 때문에 뉴스를 많이 보는 데다가 총선 때문에 더욱 뉴스를 많이 봤다. 또 우리가 광고 집행을 했던 1~2월은 대기업들에게는 광고 비수기라고 한다. 그래서 우리에게 할당해줄 보너스 타임이 생각보다 훨씬 더 많이 생겼다.

방송광고 결과는 좋았다. 주문도 많이 들어왔고 인지도가 많이 올라갔다. 네이버 키워드 순위도 상승했다. 나중에 우리를 담당했던 차장님은 승진까지 했다. 물론 승진이 꼭 우리 광고 때문인 것은 아니겠지만, 이메일로 "고마웠다"라며 인사를 건네주었다.

우리 회사에서는 광고대행사 없이 홍보팀에서 직접 디렉팅을 했는데, 처음에는 "직접 하시게요? 대행사 없이요?"라며 놀라는 것 같았다. 대행사와 일하면 서류 준비든 광고 소재 전달이든 설명을 안 해줘도 되니까 그들도 편했을 것이다. 그런데 우리 회사에서는 광고 시간표도 직접 짜는 특이한 행보를 보였다.

▣ 혁신형 중소기업이 TV 광고를 하는 법

2020년 1~4월과 11월에 우리는 광고 집행을 했다. 그런데 시간표를 짜면서 코바코에서 해주는 대로 확정하진 않았다. 인기가 없는 예능 프로그램이나 드라마는 빼고 〈전지적 참견 시점〉이나 〈나 혼자 산다〉 같은 인기 예능에 넣어 달라고 열심히 어필했다. 위치 배정도 여러 번 의견을 다시 보내곤 했다. 그러다 보니 시간표 수정안이 다섯 번을 왔다 갔다 했다. 우리가 집요하게 원하는 걸 어필하자 서비스 시간을 더 넣어주다 보니 광고비 대비 보너스 횟수가 꽤 많이 나왔다. 원래대로라면 보너스 수치가 200%대여야 하는데 366%까지 나왔다.

결과적으로 시청자들이 우리 광고를 충분히 인지할 수 있는 정도는 됐던 것 같다. 'TV만 틀면 나오는구나'라고 느끼는 사람도 있었다. 나중에 담당자는 "삼성에서도 이렇게까지 확인하고 비교하고 안 하는데 이런 깐깐함은 처음 봤어요"라고 말했다. 그 얘기를 들으니까 만약 대행사가 진행했다면 코바코에서 짜준 대로 별말 없이 진행됐을 것이란 생각이 들었다. 그렇지만 인기 없고 시청률 안 나오는 예능 프로그램이 아니라, 우리 모델이 이시언 씨인데 〈나 혼자 산다〉에 광고가 붙어야 하는 게 당연하다는 것이 우리의 의견이었다. "중소기업 도와주신다면서요"라고 어필을 계속했다. 대기업 광고가 많지 않은 비수기여서 운 좋게 원하는 자리들이 조금이라도 남아 있었던 것은 행운이었다.

사실 이때 우리가 얼마나 어설펐는지 CF 영상파일을 보내야 하는데, TV로 송출하는 파일은 확장자가 다르다는 걸 모르고 그냥 보냈다. 대행사가 했다면 당연히 알았을 테지만 우리는 몰랐던 것이다. 방송 나갈 시간이 얼마 남지 않았는데 급히 준비하느라 굉장히 마음 졸이면서 작업했다. 사실 큰일날 뻔했던 일이라 "그것도 모르셨어요?"라는 소리를 들을 만했다. 어쨌거나 혁신형 중소기업을 위한 혜택은 충분히 잘 활용할 수 있었다.

나중에 주변에서 어떻게 TV 광고를 잡았냐고 물어보는 사람들이 많았는데, 중소기업 정책을 활용한 것이 비결이었다. 여기에는 도울 만한 기업이라는 걸 입증하기 위한 서류들이 필요한데 이런 것들을 미리미리 준비해놨던 게 결정적이었다. ISO 인증을 받을 때도, 신용보증기금 벤처 인증을 받을 때도, TV 광고를 집행할 때도 우리는 주도적으로 일을 진행하면서 단시간에 많은 경험을 했고 얻은 게 많았다. 막상 해보니까 미리 겁먹지 말고 해보길 잘했다는 생각이 들 정도로 어렵지 않았다.

📟 TV CF 순위에서 15위권 안에 든 유일한 중소기업

코로나19는 우리에게 위기이기도 했지만 기회이기도 했다. 재택근무와 온라인 수업을 겨냥해 사무용PC를 빨리 기획해서 웹캠과 함께 프로모션을 진행했는데, 홈페이지에 올리기가 무섭게 팔려나갔다. 그래서 2020년에 효과를 봤던 광고를 2021년에도 계획했는데, 살 사람들은 이미 구매가 다 끝났는지 효과가 이

전보다 크지는 않았다.

코바코에서는 방송광고 송출 후에 모니터링을 실시하고 그 결과까지 전달해준다. 담당 차장님이 전화해서 "그동안 노력한 결과가 아주 좋다"라고 피드백을 주었다. 시청률 분석은 검색어 쿼리(Query)라는 걸 본다고 하는데, "쿼리가 100을 찍었다"면서 차트 자료를 보내주었다. 설명을 듣기로 0~100까지 수치 중에 3,000만 원을 써서 검색어 쿼리가 100까지 간 건 처음이었다고 한다. 투자 대비 광고 효율이 좋았다는 건데, 이런 결과치를 낸 중소기업이 없었다는 얘기다.

그리고 얼마 후에는 광고를 찍어준 감독님의 연락이 왔다. 이 분은 광고대행사에서 섭외해서 촬영 현장에서 만났던 분인데, 인스타그램에 TV CF 사이트 랭킹을 캡처해서 올려주었다. TV CF 사이트는 광고 시청 후 제품 호감도나 광고 만족도 등 다양한 조사를 통해 베스트 광고 순위를 매기는 곳이다. 여기서 랭킹 15위를 했다며 "내가 찍은 거 전지현이랑 같은 레벨이야"라고 인스타그램에 자랑해놓았다.

리뉴올PC가 TV 광고로 나오고 있던 시즌에 중소기업 제품은 한혜진 모델의 화장품인 달바와 우리밖에 없었다. 그런데 랭킹에서 대기업들과 순위를 나란히 하고 있는 걸 보니까 '우리가 일을 잘하긴 했구나' 하는 생각이 들었다.

Re
New
All

4장

판을 키우면
해결책이 보인다

우리 회사는 개인이나 기업에서 더 이상 쓰지 않는 컴퓨터가 있다고 하면 언제든지 매입한다. 그것이 우리 회사 입장에서는 원재료를 확보하는 것이다. 컴퓨터는 일곱 가지 부품으로 해체할 수 있는데, 테스트를 해보고 작동하지 않는 것들은 따로 분류하고 사양이 좋은 부품은 선별해서 조립 PC용으로 정리해놓는다. 이렇게 다시 유통이 가능해진 컴퓨터 부품들은 리뉴올PC로 재제조되어 개인 소비자들에게 팔려나가기도 하지만, 부품 상태 그대로 국내 시장이나 해외 시장에서 필요한 곳에 유통되기도 한다.

사람들이 우리 회사에 컴퓨터를 안심하고 보내는 이유 중 가장 큰 것은 매입 단가표가 공개돼 있어서일 것이다. 누구든 월드메모리 홈페이지에 들어오면 자신이 컴퓨터를 보냈을 때 얼마를 받을 수 있을지 미리 예상해볼 수 있다. 자신의 컴퓨터 사양을 잘 모르겠다는 경우에도 견적에 문제는 없다. 팔려고 하는 컴퓨터를 켜고 월드메모리 홈페이지에서 'PC사양 자동확인 프로그램'을 다운로드받으면 자신의 컴퓨터 사양을 확인할 수 있다. CPU(중앙처리장치), RAM(메모리), HDD/SDD(하드), OS(운영체제), VGA(그래픽카드) 등을 자동으로 확인해 정보를 띄워준다.

2003년에 용산에서 월드메모리를 창립했을 때부터 나는 매입 단가를 오픈했다. 이건 당시 나에게는 특별한 사업 아이템이었는데, 그 전까지는 컴퓨터(신품) 유통단가를 노출하지 않던 업계 분위기가 있었다. 그런데 다나와 비교 사이트가 나오면서 시장의 판이 바뀌었다. 에누리닷컴 같은 가격 비교 사이트가 이어서 등장하고 유행하자 그 분위기에 맞춰서 나는 중고 부품의 매입 단가를 오픈해버린 것이다. 지금은 동네의 컴퓨터 가게를 하는 분들이나 소규모의 딜러 업체들이 월드메모리 사이트의 매입 단가표를 보고 그걸 기준 삼아 장사하고 있는 경우가 많다. 소기업들은 이런 시스템을 따로 만드는 것이 쉽지 않기 때문에 자연스럽게 월드메모리의 단가표를 활용하는 경우가 많아졌다.

유튜버들이 월드메모리를 대신 홍보한다

2010년대 후반부터 큰 기업이나 개인 인플루언서뿐만 아니라 지역의 소규모 소매점들도 유튜브를 홍보 수단으로 활용하는 일이 많아졌다. 2021년 1월에 '피엘테크'라는 유튜브 채널에서는 '고물 컴퓨터 그냥 버리면 바보'라는 영상을 올렸다. "10년 된 컴퓨터라 못 쓴다며 그냥 분리수거장에 버리는 사람이 많은데 잘하면 10만 원이라도 건질 수 있으니 꼭 한 번 확인해 보라. 컴퓨터가 고장 났다 해도 상관없이 그대로 판매가 가능하다"라는 게 요지였다. 이 영상은 2022년 4월 현재 260만 조회수를 넘겼다.

이 영상에서 '월드메모리'는 컴퓨터 부품 단가의 표준과 같은 사이트라고 소개되고 있다. 한 마디로 월드메모리는 지침서 역할을 하는 곳이며, 컴퓨터 소매점들이 물건을 매입하거나 판매를 할 때 월드메모리 사이트의 매입 단가표를 참조해서 중고 시세가 어떻게 되는지 판단하고 얼마에 매입하고 얼마에 팔아야겠다는 결정을 한다고 말이다.

안 쓰는 컴퓨터든 고장 난 컴퓨터든 오래된 컴퓨터든 그냥 버리지 말고 돈을 벌라는 영상이 유튜브에서 한동안 여러 채널에서 업로드되어 유행처럼 번졌다. 나는 처음에 모르고 있었는데, 그런 영상들이 모두 우리 회사 홈페이지를 소개하고 있었다. 유튜브의 영상들 덕분에 감사하게도 월드메모리가 자연스럽게 홍보가 되고 있다. 만약 이걸 광고비를 책정해서 투자했다면 상당한 비용이 들었을 것이다. 클릭당 12원이라고 계산해도 조회수 260만을 기록하는 데는 3,000만 원이 든다.

이런 영상이 퍼지는 것을 계기로 우리노 월드메모리 이름으로 홍보 활동을 하자는 생각을 하게 되었다. 자신이 쓰던 컴퓨터를 팔고 싶은 사람은 네이버나 구글 검색창에 '월드메모리'라고 치고 홈페이지로 들어와서 매입 단가표를 클릭하면 견적이 가능하다는 점을 계속 홍보하고 있다.

매입 단가표 페이지에서는 애플 전 기종, 컴퓨터 부품들, 모니터의 각 사양별 매입가를 확인할 수 있다. 자신이 어떤 제품을 사용하고 있는지 PC 사양을 파악하고 있는 사람이라면 직접 클릭해 보면서 가상 견적을 내볼 수 있다. 예를 들어 CPU를 클릭하면 인텔과 AMD가 나오고, 인텔을 클릭해서 들어가면 10세대부터 1세대까지 매입 단가를 볼 수 있다. 10년 전 CPU라 해도 7만 원 넘게 받을 수 있는 경우도 있다. RAM을 확인하면 DDR1은 100원 하는 것도 있지만 DDR4는 16G 이상이라면 4만 원이 넘는다(2022년 4월 기준). 귀찮다고 컴퓨터를 그냥 버릴 일은 확실히 아니다.

일일이 찾아보기가 힘들다면 '매입문의' 페이지를 활용하면 된다. 자신의 PC 사양을 모르는 경우에도 걱정할 건 없다. 우선 'PC사양 자동확인' 프로그램을 내려받아 사양을 확인한 뒤 그걸 복사해둔다. '매입문의' 페이지에서 '매입 신청하기'를 클릭하고 나서 복사한 걸 붙여넣기 하고 문의 글을 작성하면 된다.

▦ "안 쓰는 컴퓨터 그냥 버리면 바보"

월드메모리 홈페이지에 있는 매입 단가표는 정기적으로 업데이트된다. 기술 개발로 성능이 올라간 제품이 새로 나오면 중고의 가치가 떨어지는 것은 어쩔 수 없는 일이다. 그 외에도 환율 같은 외부 조건들이 영향을 미친다. 우리 회사는 본사가 고양시에 있지만 용산전자상가에도 사무실을 두고 있는데, 그곳에서 가격 변동 요인에 따라 매입 단가를 책정한다.

매입 단가를 결정하는 요소는 여러 가지가 있지만, 가장 기본이 되는 것은 중고 부품의 수출가격이다. 수출되는 곳의 현지 사정에 따라 매입 단가가 변하기도 한다. 그다음에는 국내 시장의 딜러 가격이 반영된다. 유통 단계에서 상품의 매입, 재판매를 전문으로 하는 사람들을 '딜러'라고 하는데, 용산에는 컴퓨터 부품을 취급하는 수많은 딜러 업체들이 모여 있다. 수출가격에 비하면 국내 딜러 가격은 좀 더 높은데, 옥션, 쿠팡 등에 노출돼 있는 온라인 판매가격보다는 낮다고 보면 된다. 이런 것들을 감안해서 최종적으로 중고 컴퓨터 제품이 나오기까지 들어가는 비용을 감안해서 매입 단가를 결정해서 올린다.

안 쓰는 컴퓨터를 매입하는 많은 업체들 중에는 이것을 노출하지 않는 곳도 많지만, 우리는 일주일에 한 번 정도의 주기로 이슈가 있을 때마다 매입 단가를 조정해서 올린다. 만약 딜러 유통 가격이 떨어졌다면 수출가격도 뒤따라 떨어질 것이라는 사인이 되기 때문에 매입 단가를 낮추게 된다. 특정 부품에 대해서 신제품이 공개됐다면 그것도 매입 단가가 떨어지는 요인이 된다. 예를 들어 인텔 12세대가 지금은 비싼 난가에 서래퇴지민 13세대가 나온다면 12세대는 당연히 매입 단가가 떨어질 것이다.

일일이 매입 단가를 수시로 수정하면 힘들지 않냐는 사람들이 간혹 있는데, ERP(전사적 자원관리) 시스템으로 연결되어 있기 때문에 한 곳에서 매입 단가를 수정하면 홈페이지에서 대형 거래처와의 협업 시스템까지 자동으로 반영된다.

자동화 시스템은 우리의 일을 수월하게 만들어주었다. 전에는 컴퓨터를 팔 수 있냐는 문의 글이 올라오면 일일이 전화를 해야 했다. 자신의 컴퓨터 사양을 모르는 분들에게는 "ctrl 키, shift 키, Esc 키 동시에 누르세요. 윈도 작업관리자 떴나요?" 하면서 어디를 들어가서 어떻게 확인하라고 반복해서 알려줘야 했다. 그러나 지금은 누구나 쉽게 중고 컴퓨터의 매입 견적을 받을 수 있다. 다만 실제로 물건이 도착했을 때 확인해보면 일부 부품에 불량이 있는 경우도 있기 때문에 테스트를 거치고 나면 최종 매입가는 조금 달라질 수 있다. 지금은 자세한 내용을 문자로 한 분 한 분 보내드리고 있고, 다음날 또는 이틀 후면 바로 입금이 완료된다.

매입 단가를 공개하기 전에는 단가가 들쑥날쑥하고 일괄적이지 않았다. 정해놓은 매입 단가가 있다고 해도 전화받는 직원의 역량에 따라 단가를 대폭 깎아버리는 일도 있었다. 그렇지만 매입 단가 시스템이 갖춰지고 나서는 기준점이 생겨서 누군가는 억울하게 싸게 팔았다는 일이 없어졌다.

경영자는 회사를
한눈에 볼 수
있어야 한다

우리 회사는 2018년 12월에 리뉴올PC를 론칭할 때만 해도 직원이 30명 안팎이었다. 2019년 들어 리뉴올PC 판매량이 올라가면서 일이 많아졌고 직원 수는 70명으로 늘었다. 매년 직원 수가 늘어서 일자리창출 우수기업상도 받고 대통령상도 받을 정도로 변화가 있었다. 이때부터 내가 정말 답답함을 느꼈던 것이 있다. 직원들의 업무 흐름, 재고의 입출고 등이 한눈에 들어오지 않았다는 것이다.

한번은 내가 직원을 못 알아보는 일도 있었다. "컴퓨터 사러 오셨어요?" 물었다가 "직원인데요"라고 해서 정말 미안했던 적이 있다. 2020년에는 직원 수가 90명 넘어가자 나뿐 아니라 직원들끼리도 못 알아보는 일이 생겼다. 지게팀 직원이 들어오는데 디자인팀장이 "택배 오셨어요? 저쪽으로 가시면 돼요" 했다가 직원이 상처받는 일이 있었다. 그 후로는 사원증을 만들어서 목에 걸고 다니게 했다.

회사 규모가 커지자 재무관리에서도 문제가 생겼다. 10명, 20명이 장부를 쓸 때는 엑셀로도 컨트롤이 됐다. 하루 매출이 150억~200억 원일 때까지만 해도 자금 흐름이 눈에 보였는데, 300억~400억 원이 넘어가니까 승인 없이 돈이 나가는 것도 있고 승인 없이 돈이 들어오는 것도 있었다. 이래서는 언제 사고가 터질지 알 수 없었다.

불안했던 나는 인사관리, 재무관리, 재고관리 등 회사의 모든 흐름을 통합해서 관리할 자동화 시스템이 있으면 좋겠다는 생각을 했다. 그래서 관심을 갖게 된 것이 바로 ERP, 즉 전사적 자원 관리 프로그램을 도입하는 것이었다.

그전까지 쓰던 것은 회계 프로그램 안에 들어 있는 물류관리가 전부였다. 그걸로는 매출처에 계산서가 발행됐는지조차 확인할 수 없었기 때문에 디테일한 관리 프로그램으로는 쓸 수 없었다. 특정 부품이 현재 검수 중인지 조립 중인지 한 번의 검색으로 바로 알 수 있었으면 좋겠다 생각했다. 직원 수가 배로 늘어나니까 특정 공정에서 일하고 있는 담당자가 누구인지 찾는 것도 시간이 걸렸다.

▣ '시스템 구축이 이렇게 어려운 거였나?'

처음에 우리는 기존에 있었던 ERP 프로그램을 도입하는 것을 고려했다. 그런데 우리 회사 실정과는 도무지 맞지 않았다. 우리 업무의 특성상 매입에서도 매출에서도 복잡한 경우의 수가 있는데 그걸 반영할 수가 없었다. 매입된 물건은 컴퓨터 본체일 수도 있고 부품 상태일 수도 있고 불량일 수도 있고 정상 작동 상태일 수도 있다. 또 본사 안에서 불량인 상태로 매입되었던 부품이 다시 수리돼서 정상이 되기도 했다. 기존에 만들어진 프로그램으로는 이런 걸 반영할 수가 없었다. 그래서 결국 우리에게 맞는 시스템을 개발하기로 했다.

기본적인 ERP 프로그램에서 우리 회사에 맞게 커스터마이징(맞춤 제작)하는 작업을 1년 넘게 계속했다. 세밀한 부분이 안 맞는 것들이 있어서 계속해서 고치고 또 고쳤다. 1년 동안 조정하고 나자 그때부터 전체 윤곽이 조금씩 보이기 시작했다. 작업할 때는 각 공정을 완성할 때마다 바코드로 저장하기 때문에 문제가 생기면 추적도 가능하게 되었다. 예를 들어 리뉴올PC 홈페이지에서 게이밍PC가 팔렸는데 불량이 발생해서 AS가 들어왔다면, 바코드를 확인해서 어느 공정에 문제가 있었는지 누가 그 일을 했는지 내역을 금세 찾아낼 수 있다. 따라서 문제를 해결하는 것이 그만큼 빨라졌다.

많은 기업체들이 ERP 개발을 하나가 포기하는 경우가 많다고 한다. 비용도 많이 들지만 개발을 해도 어느 부서는 관심을 갖고 어느 부서는 안 써버리는 경우가 있어서 진행이 힘든 경우도 있다고 한다. 사용법을 배우는 데만 해도 몇 달을 고생하는데, 그 과정에서 힘들다고 안 써버리면 자사에 맞게 적용되고 있는지 알 수가 없어 무용지물이 되고 만다. 다행히 우리 회사는 처음부터 전 직원에게 ERP 프로그램을 사용하라고 원칙을 세웠고, 직원들이 잘 따라주었다. 그러다 보니 미세조정을 해야 할 부분도 발견할 수 있어서 세세하게 조정해갔다.

우리 회사는 매입도 매출도 채널이 좀 복잡하다. 온라인에서 주문이 들어오고 그대로 준비해서 출고하는 것만 있다면 주문량이 많더라도 간단할 것이다. 그런데 여기에다가 B2B, B2C, 매입, 매출이 다 들어가고 온라인 주문도 한 군데가 아니라 여러 곳에서 들어온다. 매입 물건도 본체가 통째로 들어오는 것도 있고 아닌 것도 있고 불량인 것도 있고 작동되는 것도 있으니까 복잡하다. 그 모든 것을 프로그램 안에 다 구현해야 했기 때문에 전사적으로 매달려야 했다.

사실 ERP 프로그램을 구축해가면서 처음 6개월 동안은 마음먹은 대로 진행되지 않아서 잠을 못 잘 정도로 스트레스가 심했다. 일례로 조립 파트에서 바코드를 찍었는데 인식이 안 되어 우왕좌왕했다. 일은 해야 되는데 기록은 남지 않아서 이도 저도 아닌 상태로 안절부절할 때도 있었다. 그래도 무조건 프로그램을 쓰라고 직원들에게 말하면서도 속으로는 '다시 되돌아갈까?' 싶은 마음이 수시로 들었다. 그러다 일하기가 싫을 정도로 멘탈이 무너지는 상황에 내몰렸는데, 결국 단번에 해내겠다는 욕심을 버리고 나서야 조금씩 수습할 수 있었다.

나중에는 대량 매입 물건을 주로 작업하는 물류센터는 뒤로 미루고 본사만 먼저 ERP를 쓰기로 했다. 물류센터 쪽은 오류 없이 엑셀로 작업한 것을 추후에 ERP에 다시 입력하는 이중작업을 했다. 너무 안 맞으니까 보완책을 내본 것이다.

2022년 이후로는 큰 틀에서 흐름이 잡혀가기 시작했다. 예를 들어 개인 소비자가 온라인 쇼핑몰에서 리뉴올PC를 주문했다면 자동으로 ERP 시스템으로 데이터가 들어오며 그걸 보고 조립 라인이 가동된다. 각 공정을 거치면서 작업한 내역이 저장되고 주문한 PC가 포장되어 배송되는 흐름이 눈에 보이게 됐다.

🖥 자원관리 프로세스를 자동화하라

나는 병원에 갈 때마다 인력관리나 재고관리가 자동화된 ERP 시스템을 꿈꾸곤 했다. 만약 내가 응급실에 가서 접수를 했다면 전광판에 여러 환자들의 이름과 함께 내 이름이 뜬다. 혈액검사는 완료했는지 대기 중인지, 엑스레이는 찍었는지 진행 상황을 한눈에 볼 수 있다.

ERP 프로그램을 시작하면 그런 현황판을 바로 볼 수 있을 것이라고 기대했다. 몇 개를 소딥 중인지, 어느 공정에서 대기 중인 것이 몇 개나 쌓여 있는지, 포장 중인 것은 몇 개인지 등을 볼 수 있어야 했다. 일이 밀려 있는 곳이 있으면 빨리 인원을 투입해서 일을 원활하게 진행시킬 수 있다고 기대한 것이다.

내 상상 속에서는 재고관리에서도 실시간 상태를 볼 수 있어야 했다. 조그만 메모리 하나가 처음에 불량으로 들어왔다가 조금만 손대면 다시 정상 제품이 되는 경우도 있는데, 그게 바로바로 보여야 했다.

그런데 ERP상으로는 수리가 된 것도 불량 상태 그대로 있어서 미반영되는 것을 기록하는 조치가 또 필요했다. 그런 부분에서 고민이 정말 많았다. 매입, 매출에서 거래처와의 수치, 금액등은 문제가 없는데 사내에서 벌어지는 디테일한 일들이 기록되지 않는 문제가 있어서 프로그램 수정 작업은 계속돼야 했다.

내가 생각하는 ERP란 회사 전체 현황이 한눈에 보이는 프로그램이어야 한다. 프로그램 개발 업체와 이야기할 때도 가장 많이 한 이야기가 "한눈에 보이질 않아요"였다. 우리 회사 ERP 시스템에서 가장 중요한 것은 재고관리다. 기업체에서 들어온 대량 물건은 물론이고 개인이 보내온 낱개 부품들도 어디서 와서 어디로 가는지 한눈에 보여야 했다.

🖳 회사의 모든 것이 한눈에 보이도록

ERP는 기업 내부에서 사용하는 자원을 효과적이고 통합적으로 관리함으로써 경영을 효율화하기 위한 시스템이다. 여기서 자원이란 원자재뿐 아니라 인적자원, 금융자원 등을 포함하는 것이라서 영업, 구매, 생산, 회계, 리스크 관리 등의 운영 시스템을 하나로 통합하는 것을 말한다. 그중에서도 MES(Manufacturing Execution System)는 생산 현장에서 생산을 수행하기 위한 제반활동을 지원하는 관리 시스템이다.

생산계획관리, 작업지시관리, 작업실적관리, 품질관리, 재고관리, 설비보전관리 등을 모두 지원한다. 품질 저하, 원가 증가 등의 요인을 추적, 제어, 분석하면서 보유자원, 품질 자료에 대한 현황 정보를 데이터베이스화하고 이것을 관리할 수 있어서 의사결정의 바탕이 된다. 계획과 실제 현장의 정보 차이, 투입자원, 생산 조건 등 제조이력 관리 등을 원활하게 해주는 것이 목표다.

ERP에서는 심지어 오늘 몇 명이 연차를 써서 사내에 현재 몇 명이 근무 중인지도 알 수 있다. 내 입장에서는 ERP 안에 대표 계정으로 들어가서 비밀번호를 누르면 대표만 볼 수 있는 정보들이 떠야 한다. 자금관리만 해도 자산이 얼마이고 통장에는 현금이 얼마가 있고 대출이 얼마가 남았다는 것이 재무팀이 올리는 서류가 아니어도 바로 볼 수 있어야 한다. 앞으로는 지금까지 쌓인 데이터를 취합해 그래프로 분석해서 보여준다든지 하는 구체적인 활용도까지 고민할 생각이다.

쇼핑몰에 옷을 사러 갔을 때 예를 들어 방배점에는 재고가 없는데 홍대점에 재고가 있어서 "예약하시면 갖다드릴게요. 며칠

후 연락드립니다" 이런 경우가 있다. 내 기준에는 우리 회사도 이런 상황이 가능해야 한다. 물류센터가 여러 군데 있으면 서로 다른 곳의 재고 상황을 볼 수 있어야 한다. 재고가 있는데도 그걸 몰라서 한쪽에서는 못 팔고 있고, 또 한쪽에서는 재고가 있는 걸 모르고 추가 매입을 하고 있으면 안 된다. 이제는 정리가 잘 돼서 우리의 재고 상황을 외부 협력업체에서도 볼 수 있다. 소비자 매입 등에서 제휴하고 있는 컴퓨존은 우리의 ERP와 연동돼 있어서 재고가 얼마나 있고 단가는 얼마라는 걸 볼 수 있다.

ERP 구축을 하고 나서 가장 좋았던 것은 매입 대행 서비스를 손쉽게 할 수 있게 되었다는 것이다. 2021년 3월에 국내 컴퓨터·전자제품 1위 쇼핑몰인 컴퓨존에서 매입에 관해 문의하기 위해 연락을 해왔다. 컴퓨존은 컴퓨터 쇼핑몰로 시작해서 게임기 등 가전제품까지 다루고 있는 종합쇼핑몰로 매출액 1조 원이 넘어가는 회사다. 컴퓨존에는 딜러 업체들과 컴퓨터 신품을 파는 B2B 업체들이 많이 들어가 있다. 컴퓨존은 이 업체들에 대한 서비스 관리 차원에서 매입 대행을 하고 있다. 작은 불편함으로 거래처가 탈락하지 않도록 지원하는 것이다.

컴퓨존은 매입 대행을 맡아서 해줄 수 있는 업체를 찾다가 월드메모리를 생각했고 협의를 서서시 걸국 우리의 업무 협약을 체결했다. 이제는 쇼핑몰 안에서 거래하고 있는 업체들이 매입한 중고 컴퓨터를 회수해서 우리에게 전량 보내고 있다.

지방의 컴퓨터 업체들은 컴퓨존에서 부품을 사가서 소비자들에게 조립해서 판매하는데, 그 와중에 소비자로부터 중고 컴퓨터를 가져가 달라는 매입 건이 들어오면 그걸 처리할 곳이 마땅치 않아 고민했을 것이다. 그런데 이제는 컴퓨존에 물건을 보내면 물량이 쌓이고 이것은 다시 월드메모리로 보내진다. 컴퓨존 입장에서도 약간의 수수료를 챙기고 주요 업무가 아닌 일에 신경 쓰지 않으면서 업체 관리를 할 수 있기 때문에 좋은 일이 된다.

컴퓨존은 컴퓨터와 주변기기의 유통에서 1등이라면 월드메모리는 중고 컴퓨터 매입에서 1등이다. 그동안은 전국의 작은 컴퓨터 업체들이 모아두었던 중고 컴퓨터를 보내주거나 개인 소비자들이 팔기 위해 보내주는 것 그리고 대기업의 입찰 매물이 우리의 매입 루트였다. 그런데 이제는 또 다른 매입 루트가 생긴 셈이다.

컴퓨존의 ERP와 월드메모리의 ERP를 연동시키면 매입으로 입고된 재고가 자동화로 맞춰지도록 관리할 수 있다. 컴퓨존은 수시로 업데이트되는 월드메모리의 매입 단가를 끌어가서 품목과 수량에 맞게 금액을 맞추고, 우리는 그걸 다시 불러들여서 작업하면 된다. 입고된 물건과 장부가 맞는지 안 맞는지 일일이 전화로 대조할 필요가 없다. 우리는 실사로 다시 틀린 부분이 있는지 찾아내고 그것만 수정해서 입금해주면 매입 대행 작업은 간단히 끝난다. ERP 시스템이 없었다면 사람이 붙어서 일일이 전화로 확인하고도 오류를 못 잡아내면 어쩔 수 없이 손해를 보는 일이 발생했을 것이다. ERP 덕분에 이제는 같은 방식으로 대기업들과도 협업할 수 있다.

▣ 매입 1위가 매출 1위가 된다

컴퓨존의 매입 대행 서비스는 갑자기 시작된 게 아니다. 이미 다른 업체에 맡겨서 매입 대행 서비스를 하고 있었는데, 그 업체가 업무를 제대로 소화해내지 못한 것 같다. 월드메모리의 경우에는 컴퓨존과 협업한다고 해서 조직을 바꾸고 인원을 대대로 추가 투입하는 무리를 할 필요가 없었다. 실제로도 테스트 인원만 1명이 더 늘었을 뿐이다. 이미 매입과 재제조와 판매가 잘 이루어지고 있는 가운데 일의 양만 늘어난 것이라 무리가 될 것은 없다.

그런데 만약 협력업체가 컴퓨존에서 나오는 중고 컴퓨터 물량만 바라보고 있었다면 그 양이 일정하지 않았을 것이고 인력 관리에서도 문제가 생겼을 것이다. 성수기에 물량이 늘어나면 인력을 늘렸다가 비수기에 일이 줄어들면 인건비를 감당하지 못하는 상황이 반복되어 문제가 생겼을 가능성이 크다. 또는 일이 들쭉날쭉하고 항상 일이 많은 게 아니니까 인원을 최소한으로 뽑아놓았다면, 성수기에는 일이 밀려서 데스크가 지연되고 결제 역시 늦어졌을 것이다. 빨리빨리 처리되기를 바라는 한국의 소비자들에게 클레임이 없으려면 이런 상황은 곤란하다. 소비자들은 컴퓨존에서 매입한 걸로 알고 있을 텐데 테스트와 결제가 밀린다면 컴퓨존에 클레임이 갔을 것이다.

월드메모리는 관공서나 대기업 입찰로 들어오는 대량매입은 물류센터로 가져가서 테스트하고, 개인 매입은 본사에서 테스트하기 때문에 밀리지 않고 바로바로 결제해줄 수 있다. 처음에 이게 분리되지 않았을 때는 대량 매입 건을 처리하느라 개인 매입 테스트가 밀리는 일이 있었고, 안 되겠다 싶어서 조치한 것이다.

컴퓨존은 온라인 유통을 하는 기업이기 때문에 자사에 프로그래머가 팀 단위로 여러 명 있어서 월드메모리와 컴퓨존의 ERP를 연동하는 데에도 무리가 없었다. 재제조를 하는 리사이클 기업이라 개발자가 따로 없는 우리 회사가 따로 수고와 비용을 더할 필요는 없었다. 이로써 매입을 위한 광고비를 따로 쓰지 않아도 매입 물량이 꾸준히 추가되는 상황이 되었다.

이런 매입량의 증가는 우리 회사에 큰 의미가 있다. 업계에서 매입 1위는 단연 월드메모리라고 자부하고 있고 많이들 알고 있다고 생각했는데, 컴퓨존을 통해서 중고 컴퓨터를 보내오는 소매점들을 보면 아직도 월드메모리를 모르는 사람들은 많이 있다는 이야기다. 우리는 제조회사가 아니기 때문에 매입 물건이 있어야 매출도 많이 낼 수 있다. 매입 1위가 돼야 매출 1위가 될 수 있기 때문에 우리에게 매입 루트를 늘리는 건 그만큼 중요하다.

매입이 많으면 뜻밖의 수익을 올리기도 한다. 어느 대기업에서 모니터 500대를 매입해왔던 적이 있다. 그 과정에서 도킹 스테이션이라는 걸 폐기해 달라고 요청해서 같이 가지고 왔다. 200개 정도를 실어왔는데 그중에는 쓰지 않은 새것도 있었다. 가져올 때는 예상하지 못했는데, 확인해보니 중고 마켓에서 팔리고 있는 물품이었다. 노트북을 쓸 때는 USB 연결이 2개밖에 안 돼서 불편할 때가 있는데 도킹 스테이션을 이용하면 여러 개의 USB를 꽂을 수 있고 높낮이 조절도 되는 데다가 쿨링팬도 달려 있어서 유용하게 쓸 수 있다. USB가 C타입만 있는 노트북의 경우에는 필수적으로 쓰는 물품이었다. 이것 때문에 예상했던 것보다 높은 매출을 올릴 수 있었다.

📺 매입 서비스를 대행해 주는 월드메모리

2021년부터 월드메모리는 전국의 소매점들을 대상으로 가맹 체인을 모집하고 있고, 점차 범위를 넓혀가고 있다. 중고 컴퓨터 매입을 매개로 해서 월드메모리가 컴퓨터 소매점들의 플랫폼으로 작용하기를 바라는 마음이다. 월드메모리에 대해 잘 몰라서 직접 거래하지 않는 곳이라도 컴퓨존 같은 거점을 통해 주기적인 거래를 할 수 있다. 앞으로도 이런 거점들을 늘려나갈 계획이다. 서로 협력할 수 있는 방법을 찾으면 연결을 확대할 수 있을 것이다.

2018년 말부터 시작했던 리뉴올PC의 브랜딩 작업은 매입 브랜드인 월드메모리에도 좋은 영향을 주고 있다. 굳이 설명하지 않아도 검색을 하면 우리 회사에 대한 정보를 검색할 수 있기 때문에 조금이라도 컴퓨터에 관심을 두고 있는 사람은 결국 월드메모리를 알게 된다.

2022년 초에는 엔와이컴퓨터와 업무 협약을 맺었다. 2021년에 사명이 변경된 이 회사는 전신이 늑대와여우컴퓨터다. 조달 사업으로 육군·해군·공군에 납품했던 데스크탑을 얼마 전 회수해서 우리 회사에 매각한 것을 시작으로 협력하고 있다. 중고 컴퓨터 판매 사업은 안 하던 곳인데, 수요가 늘어나는 것을 감지하고 우리 회사에서 재제조하는 중고 컴퓨터도 판매하고 싶다는 의견을 주었다. 월드메모리의 매입 사업은 다양한 루트로 앞으로도 더 큰 확장이 가능하다.

컴퓨터 소매점이
모이는 플랫폼,
월드메모리

그동안 월드메모리에는 작은 딜러 업체나 소매점들이 매입 물건을 보내주는 경우가 계속 있었다. 적은 물량이라도 매입해 주기 때문에 거래처가 많았다. 심지어 제주도에 계신 어떤 분은 10년간 꾸준히 매입 컴퓨터를 보내주고 있다. 한 번도 매입대금을 안 주거나 미룬 적이 없기 때문에 월드메모리를 아는 사람들은 믿고 계속 매입 물건을 보내온다.

그런 분들을 보면서 생각했던 새로운 일이 바로 가맹사업이다. 이분들을 전국 체인망으로 묶으면 월드메모리의 매입 루트 규모는 그만큼 더 커질 수 있다. 체인점들은 월드메모리의 이름으로 유입된 고객들을 추가할 수 있을 것이고 그 지역의 단골로도 만들 수 있다. 고객 입장에서는 월드메모리의 시스템 하에 안전하게 중고 컴퓨터를 팔 수 있게 되니까 모두가 좋은 일이 된다.

그렇게 우리는 2022년부터 전국 소매점들을 대상으로 체인점 사업을 시작했다. 3월까지 부산, 익산, 대전, 울산 등 네 곳에서 체인점 가맹을 했다. 성남, 분당, 경남 양산, 대전 서구점, 일산 남구점 등에서도 체인에 참가하기 위해 준비 중이다. 일차적으로 전국 지점을 20군데 정도로 확대해 매입을 체계적으로 많이 할 수 있는 전국적인 망을 넓혀나갈 계획이다.

체인에 참여하면 그 소매점은 월드메모리의 매입 단가 기준으로 중고 컴퓨터를 받을 수 있다. 이곳들은 직영은 아니지만 협력 지점이 되는 셈이고, 월드메모리 홈페이지에 명단이 올라간다. 이게 별것 아닌 것 같지만 월드메모리 홈페이지에는 하루에 2,000~3,000명가량의 사람들이 방문하기 때문에 체인점에서도 노출 효과를 본다. 월드메모리 홈페이지 노출은 곧 체인점 노출로 이어진다. 실제로 체인점의 매입량은 30~40% 정도 늘었다.

중고 컴퓨터를 팔려는 사람은 가까운 곳에 가맹점이 있다면 굳이 월드메모리 본사로 택배를 보내지 않아도 된다. 또 가맹점은 매입한 중고 컴퓨터를 상황에 따라 직접 처리해서 판매할 수도 있고, 여의치 않으면 월드메모리에 보내면 된다. 이게 활성화된다면 중고 시장에서 컴퓨터만큼은 상생하는 생태계가 조성될 수 있으리라 생각한다.

▨ "너도 월드메모리 협력체인 해봐"

소비자들 중에는 '내 주변에서 컴퓨터 가게 찾아보기' 같은 검색으로 소매점을 찾아가는 경우가 있다. 스마트스토어에서 네이버 지도를 보고 찾아왔다는 분도 있다. 그런데 가맹 상담을 하다 보면 지도 등록 같은 간단한 조치도 잘 모르는 경우가 있다. 가맹에 참여하면 월드메모리 본사에서 그런 부분에서도 도움을 줄 수 있다. 블로그나 인스타그램 홍보 작업도 도와주고 '중고 컴퓨터 매입'이라는 광고를 포털 사이트에 늘 하고 있기 때문에 가맹점에 실질적인 도움이 될 수 있다.

"홍보가 되긴 하나 봐요. 월드메모리에 가맹하고 나서 매입이 들어오는 걸 보면 너무 신기해요." 한 가맹점 사장님이 전한 이야기다. 월드메모리의 블로그, 유튜브, 네이버, 인스타그램 등에서 하는 광고 덕분에 매입량이 확실히 늘었다는 것이다.

월드메모리 홈페이지에는 가맹점들이 리스트업돼 있어서 전화번호, 위치 등의 정보를 알 수 있다. 가맹점 근방에 사는 분들이라면 본사로 연락하지 않고 이 체인 지점에 전화할 것이다. "월드메모리에서 보고 전화했어요"라는 고객들의 전화를 받고 있다며 체인점 사장님들은 신기하다는 반응이다.

체인점 사장님들은 가맹 결과에 대체로 만족하고 있다. 매입을 했을 때도 가맹점과 본사는 전산(ERP)으로 연결돼 있기 때문에 개수 확인을 하는 전화를 할 필요 없이 시스템에 입력하면 작업은 끝난다. 복잡한 뒤처리가 없어서 좋다. 게다가 "너도 월드메모리에서 협력업체 해봐" 하고 적극적으로 다른 소매점에도 소개해주고 있다. 덕분에 가맹 모집을 위해 따로 홍보하지 않았을 때에도 문의가 많이 들어왔다.

소매점들은 소수의 인원이 일하기 때문에 매입을 해도 바로 검수하고 조립해서 판매하는 게 쉽지 않은 일이다. 그래서 매입 제휴는 물론 판매 제휴도 하고 있다. 소매점에서 한두 명이 일하고 있는데 모든 사양의 PC를 조립해서 쫙 깔아놓고 판매하기는 힘들 것이다. 대신 리뉴올PC를 통해 주문을 하면 우리가 조립해서 바로 보내드릴 수 있다. 소매점 업체들이 필요한 것들을 해결할 수 있는 플랫폼이 되는 것, 그것이 앞으로 월드메모리가 꿈꾸는 모습이다.

그게 가능하려면 '월드메모리'라는 브랜드 이름이 유지돼야 하는데, 본사에서도 이를 위한 노력이 필요했다. 그래서 월드메모리의 가맹점이 되는 원칙을 몇 가지 세웠다. 먼저 컴퓨터 가게를 이미 운영하고 있어야 한다. 컴퓨터 장사 경험이 없다든가 아직 오픈하지 않았지만 하려고 생각해보고 있다는 분들에게는 거절하고 있다. 소비자는 월드메모리의 이름으로 가맹점주를 대할 텐데 컴퓨터를 잘 모르고 고객 응대에도 서툴면 "저 사람 잘 모르네"가 곧 "월드메모리가 컴퓨터를 모르네"로 이어질 수 있기 때문이다.

▣ 지역 소매점들과 함께 가야 멀리 갈 수 있다

"가맹사업 한다고 월드메모리만 일거리만 늘어나는 것 아니냐? 광고비로 100만 원씩은 받아야 된다." 가맹비에 대한 방침을 검토할 때 이런 의견을 주장하는 사람도 있었다. 그렇지만 작은 소매점에서 광고비를 월 100만 원씩 내라고 하면 부담스러워서 협력 관계가 되기는 힘들 것이다. 지출에 부담을 덜 받는 선에서 관계가 지속돼야 서로 도움이 되는 법이다. 우리는 이름 사용료를 벌려고 가맹사업을 하는 게 아니다. 가맹점 한 곳에서 성사되는 매물 건수에서 수익으로 연결될 수 있는 걸 찾으면 된다.

브랜드 월 사용료는 하루에 1만 원 정도의 비용이 정해졌다. 이것은 키워드 광고에 쓰이는데, 예를 들어 '부산 컴퓨터 매입업체'라고 검색했을 때 월드메모리 홈페이지가 뜨고 그걸 클릭하면 해당 가맹업체가 나오게 한다. 부산에 사는 분이라면 그 가맹점으로 가서 컴퓨터를 팔 수 있다. 소비자 입장에서는 규모가 큰 회사인 월드메모리 이름을 보고 안심하고 중고 컴퓨터를 팔 수 있고, 가맹점 입장에서는 따로 사람을 채용하지 않아도 홍보를 해결할 수 있다.

간혹 컴퓨터를 팔겠다고 보낸 사람에게 가맹점이 매입 대금을 보내지 않아 문제가 생기는 경우도 있을 수 있다. 이런 경우를 대비해서 가맹 시 보증금을 받고 있다. 사고 대비용이기 때문에 이것은 체인점 계약이 해세뇌번 나시 들더주는 돈이다. 또 가맹 시에 지나가는 사람들의 눈에 띌 수 있게 입간판이나 엑스배너, 등신대 같은 홍보물을 제공하고 명함, 전표 등의 물품을 지원하는데, 이에 대한 비용으로 일회성으로 내는 100만 원의 가맹비가 있다.

앞으로 가맹점이 20곳만 돼도 본사는 바빠질 준비를 해야 할 것이다. 적어도 한 달에 두 건 이상은 본사로 매입 물건이 올 것으로 예상된다. 그래도 컴퓨터를 잘 아는 소매점에서 기본적으로 테스트는 할 수 있기 때문에 본사에서는 테스트 시간을 절약할 수 있고 리스크도 그만큼 줄일 수 있을 것이다.

'월드메모리에 중고 컴퓨터를 보내면 언제든 사준다'라는 인식을 얻기까지 많은 노력이 있었다. 배너 광고나 검색어 광고에 비용을 들이면서 알린 덕분이기도 하지만, 무엇보다 대량 물량을 쌓아둘 공간을 일찍부터 확보해두었던 것이 중요하고도 잘한 결정이었다. 물류 창고를 처음 오픈한 것은 2005년(서교동)이었는데 이때부터 대규모 입찰이 가능해졌고, 2012년부터는 개인을 대상으로 한 매입에 더해 기업을 대상으로 출장내입을 본격화했다. 2015년에는 고양시 현천동에 대형 물류센터를 확대 이전하면서 온라인 파트에 집중할 수 있었다.

이런 노력들 덕분에 용산의 B2B 판매에서 탈피해 개인에게 판매하는 오프라인 매장을 열어보고자 한 게 2013년 강서구 발산동에 오픈한 PC노리였다. 매출은 잘 나왔지만 관리 인력이 부족해서 매장을 더 늘리지는 못했다.

이때 만난 임대인은 나중에 나에게 은인이 되어주셨다. 그분은 '내가 임대해준 곳인데 살 만한 거 있나 가볼까' 하는 차원에서 우리 매장에 들러 임차인이 어떻게 일하는지 보셨다고 한다. 우리 매장이 옷집이나 식당이라면 한번쯤 직접 들를 법도 하다지만, 중고 컴퓨터 파는 곳에 일부러 올 일은 없을 텐데 그것 또한 평범한 일은 아니다 싶다.

아내와 함께 그분과 식사를 한 적이 있는데 월세 한 번 밀린 적이 없는 나를 좋게 보셨는지 "젊은 사람이 이렇게 열심히 사는 걸 본 적이 없다"라고 말씀하셨다. "일하는 데 최선을 다하고 거짓말을 하지 않고 정직하다"라며 그분도 자수성가했다고 하셨다. "내가 젊었을 때 일하던 모습을 보는 것 같다. 최근에는 젊은 사람 중에 이렇게 열심히 일하는 사람을 본 적이 없다. 나를 보는 것 같아서 뭐든 다 도와주고 싶다"라고 하셨다.

🖩 하나은행 본점 VIP실에서 만난 은인

당시에 우리는 본사 건물을 사고 싶어서 알아보는 중이었다. 20년 동안 사업하면서 아홉 번 이사를 다녔다. 처음엔 작게 시작했다가 규모가 더 커질 때마다 이사를 했다. 2016년 즈음부터는 우리만의 넓은 공간에서 일하고 싶다 생각했다. 아파트 두 채를 팔아서 종잣돈을 만들었는데, 큰 부지에서 우리 제품을 깔아놓고 파는 로드샵을 하고 싶다는 소망도 있었다.

우리는 부동산에 대해 딱히 물어볼 데가 없어서 염치불구하고 발산동 PC노리 건물주께 전화를 드렸다. 그분은 개인적으로 투자하는 것인지 사업체에 투자할 것인지 물었고, 땅을 매입한 후에 사용수익을 얻으면서 땅값도 올라갈 것을 기대할 수 있는 곳이 좋다고 답하셨다. 그때 봐두었던 곳이 있어서 어떤지 보여드렸는데 "전(田)이 붙어 있어서 안 된다"라고 하셨다. 우리는 결국 그분의 도움으로 본사가 들어갈 수 있는 좋은 부지를 매입할 수 있었다.

본사 신축을 위해서는 대출을 받아야 했다. 우리는 대출을 일으켜본 적이 처음이었고 심지어 주거래은행도 없었다. 은행에서는 상환능력을 보는데 대출받았다가 갚은 실적이 없었기 때문에 우리에게 대출해줄 은행을 찾기가 힘들었다. 국민은행, 신한은행, 산업은행, 기업은행 등 여러 곳을 찾아가 문을 두드렸다. 그러다가 국민은행의 어느 지점 차장님이 우리 회사에 방문했는데, 재무제표를 보고 회사를 살펴보고 나서 급여 통장부터 국민은행으로 바꿔 달라고 했다. 요구사항을 다 이행했는데 결국에는 대출을 받지 못했다.

지금과 달리 당시 우리 회사는 매출이 100억 원 정도였고 직원도 많지 않았다. 은행 쪽 사람을 만나본 적이 없어서 헤매던 우리를 선불주에서 하나은행 본점 VIP실로 지점 데리고 가서 담당자를 소개해주었다. "법 없어도 살 사람이야. 나를 믿고 대출 많이 해줘도 돼"라고 하셨다. 우리는 그런 고급스러운 곳을 처음 가봐서 어리둥절하고 떨렸다. '돈 있는 사람들은 이런 데 와서 대접받으면서 은행 돈을 쓰는구나' 하는 생각도 들었다. 얼마나 긴장했는지 아내는 VIP실을 다녀오고 나서 며칠을 앓아누웠을 정도였다. 그전까지 우리는 그렇게 큰돈을 대출받아본 적이 없었는데, 매입액의 80%까지 대출을 받을 수 있었다.

우리는 건물주께 너무 고맙고 죄송했다. 자신이 애써 만든 인맥을 우리에게 조건 없이 알려주셨다는 점이 감사했다. 그런데도 본인이 살고 있는 집 주소조차 안 가르쳐주셨다. 명절 때 선물을 보내고 싶을 때도 그분은 아무것도 받으려고 하지 않으셨다. 지금도 가끔 사업이 어떻게 되고 있다고 문자를 보내드리는데, "TV 광고 보고 놀랐어요. 축복해요" 하고 답장을 보내시곤 한다. 혈연관계도 아닌데 그렇게까지 도와줄 분을 앞으로도 만나기는 어려울 것 같다. 우리에게 그분은 은인이었다.

대출을 담당해준 은행 부장님은 우리 회사에 방문해 재고 상황과 조립 과정을 직접 보셨다. 우리는 성실하다는 걸 계속 어필할 뿐이었는데, 이런 사업이 있는지 몰랐다면서 판단컨대 컴퓨터는 새로운 버전으로 계속 나올 것이고 그 밑에서 꾸준히 따라가면 되는 사업이니 사양산업은 아닐 것이라고 했다. 대출 후에는 기업이 잘 돼야 함께 갈 수 있다면서 지속적인 도움을 주었다. 리뉴얼PC에 대해 노이즈를 만들어낸 유튜버 건도 변호사를 소개해주었고, 계속 관심 있게 보고 조언을 아끼지 않았다.

"지금 대출금을 빌릴 때는 사장님이 나한테 아부하겠지만, 아마 5년 뒤에는 내가 은행 돈을 써달라고 부탁할 거다"라며 부장님은 세무사, 회계사도 소개해주면서 기업다운 모습을 갖춰나갈 수 있도록 전문가들을 연결해주었다. 그때 약속한 대로 지금까지 주거래은행은 변하지 않고 있다.

▣ 재무 건전성 확보를 위해 애써준 은인

대출받는 과정에서 우리는 금융에 대해 다시 생각하게 되었다. 은행과 거래하면서부터 기업들이 재무건전성을 확보하기 위한 방법들을 배우게 됐다. 은행에서는 갚을 수 있을 정도의 능력만큼만 돈을 빌려주고 설정을 잡아놓기 때문에, 절대 그들이 손해볼 일이 없다. 은행에서는 미래가치나 재무 상태를 보기도 하지만 매출 규모를 중요하게 살핀다. 은행에서 리스크를 안기 싫을 때는 신용보증기금에서 보증서를 받고 대출해 주는 경우도 있다. 내가 못 갚으면 신용보증기금에서 대신 갚아주는 안전장치가 되는 것이다.

은행에서 대출을 받기 전까지 우리는 돈 빌리는 것을 무서워했다. 그전에는 2014년까지 동업 관계에 있었던 이사님이 재무를 담당했는데, 매입 대금이 부족할 때면 지인들에게 높은 이자의 사채를 빌려왔다. 그런 방법으로는 매출이 길니어도 사내에 자금이 쌓이지 않아서 힘들었다. 목돈도 없고 담보도 없는 데다가 매출이 크지 않은 신생기업 입장에서는 어쩔 수 없는 선택이었지만, 도무지 자금이 쌓이질 않았다. 대량 매출이 일어나기 때문에 회사가 돈을 버는 건 분명한데 부채 비용이 너무 많아 재투자하는 선순환이 이뤄지지 않았다. 어떨 때는 내 월급을 가져갈 수 없어서 집에 생활비조차 갖다주지 못하는 때도 있었다.

은행 대출을 이용하기 시작한 뒤부터 우리는 재무건전성을 제대로 확보하기 위해 노력했다. 새롭게 재무 담당 이사가 되어줄 분을 찾아 도움을 청했다. 그분은 지방에 거주하고 있었고 근무하던 회사를 그만둘 생각이 없었지만 삼고초려 끝에 주말에 기차 타고 왕복하는 비용과 우리 회사 근방의 거주할 곳을 제공해드리는 조건으로 어렵게 모시게 됐다. 내가 잘할 수 없는 부문을 전문가에게 맡기기 위해서 절박한 심정으로 매달렸다.

30년간 재무회계 일을 하면서 중소기업을 여럿 살려봤던 경험 많은 분이라 우리 회사가 체계를 잡는 데 도움을 주실 것이라 생각했고 그대로 되었다. ERP 구축 작업을 함께 해주셨고 규모가 커지면서 회사가 그에 걸맞는 체계를 갖추도록 제 역할을 해주셨다. 게다가 재무팀장까지 제 역할을 잘 하도록 만들어주셔서 재무건전성을 확보하는 데 큰 역할을 해주셨다.

20년간 회사를 운영하면서 많은 사람들을 만났지만, 이들은 다시는 못 만날 것만 같은 내 인생의 은인과 같은 분들이다.

규모의 경제를
만들려면 공간을
확보하라

중고 컴퓨터를 매입해서 상태를 테스트하고 재제조 과정을 거쳐 매출을 발생시키는 우리 회사는 그 작업들을 수행할 우리만의 공간이 필요하다. 아무리 온라인이 발달하고 비대면 사업이 활성화됐다지만 실제로는 오프라인에서 물류 작업이 수반돼야 거래가 원활해진다.

2017년 본사를 신축해 300평의 공간을 확보했다. 그런데 코로나19로 인해 비대면 거래가 늘어나자 물류 작업은 더 바빠졌다. 300평 공간으로 모자라서 근처에 400평을 더 임차해서 물류 창고를 썼는데, 하필 그해 여름에 물난리를 겪었다. 장마철에 비가 많이 오자 컴퓨터 2,000대가 물에 잠겨버렸다. 본사에 있던 물량까지 물류 창고로 일부 옮겼는데, 그곳은 컴퓨터를 보관하기에 적합하지 않은 낮은 지대였던 것이다. 계약할 때는 몰랐던 사실이었다.

당시에 나는 입찰받은 물건을 운반하려고 출장 중이었는데 비 소식을 듣고 CCTV를 확인해보았다. 8단까지 쌓인 컴퓨터가 바닥부터 천천히 물이 차오르는 모습을 지켜보는데 처음에는 비가 멈출 것 같아서 '1단 정도는 괜찮아'라고 생각하고 있었다. 그런데 비가 멈출 기미가 안 보였고 빗물이 높게 차오르기 시작했다. 2단, 3단 점점 물이 올라가는 걸 바라보면서 속이 타들어 가 시커멓게 됐다.

급하게 회사로 돌아와보니 8단까지 쌓아놓은 컴퓨터의 4단까지 물이 차올라 있는 상태였다. 소방차가 왔지만 지대가 낮아 물을 제대로 빼는 건 무리였고, 온 직원이 달라붙어 수작업으로 물을 퍼냈다. 그래도 빨리 조치해 피해를 줄일 수 있었지만 손해는 상당했다. 다음날 다행히 햇빛이 나왔기 때문에 물청소를 해버리고 다시 말려서 배터리가 부식된 걸 제외하고 일부 물량은 살릴 수 있었다.

다음 해가 되자 장마를 앞두고 다시 그런 물난리를 겪지 말라는 보장이 없어서 500평 땅을 사서 물류센터를 신축하기로 했다. 그렇게 2019년에는 본사 사무실과 우리만의 물류센터를 마련하게 됐다. 그 이후로는 조립팀, 영업팀이 근무하는 본사에서는 개인 소비자 매입을 처리하고, 물류센터에서는 대량 입찰 물건을 처리하게 되었다.

🖥 이사는 그만! 우리만의 공간을 확보하다

컴퓨터 리사이클을 주 업무로 하는 우리 회사는 공간이 필요할 수밖에 없는 사업을 하고 있다. 물류센터 공간이 있는 회사와 없는 회사는 그 행보가 달라진다. 외국에서 바이어가 왔을 때 있는 물건을 직접 보면서 파는 것과 없는 물건을 구해주겠다면서 파는 것은 천지차이다. "이거 사고 싶었는데 물건이 있네요. 지금 가져가도 되나요?"라고 바이어가 말하는 상황에 비하면, "이런 거 필요한데 구해줄 수 있나요?"라고 요청하는 상황은 거래 조건을 협상할 때 불리해지는 것이 당연하다. "우리가 원하는 물건 구해줄 테니까 걱정 마라"라는 건 특히 중국, 베트남의 경우에는 안 통한다. 한국인 중간도매상이 중개하는 경우가 거의 없는 이들 나라는 현지인이 직접 와서 결제하고 원하는 물건을 가져간다. 물류센터가 곧 쇼핑몰이 되는 것이다.

물류 공간이 없는 작은 업체들은 온라인 판매를 위주로 하는 곳이다. 그들은 매입한 물건이 있어도 쌓아놓을 공간이 없으면 빨리빨리 처분하기 위해 결국 월드메모리로 연락한다. "이런 물건이 있는데 사줄 수 있나요?" 문의하는 것이다. 이럴 때 가격 협상은 상대적으로 쉽다. 공간이 없는 업체에서는 조금 덜 받더라도 빨리 넘겨야 하기 때문이다.

2019년에 우리만의 공간으로 물류센터를 마련한 다음에는 좋은 일들이 많이 생겼다. 전국에서 가장 큰 물류센터를 보유하고 있다고 홍보했더니 한국IT복지진흥원에서 연락이 왔다. 한국

IT복지진흥원은 '사랑의PC보내기' 운동을 하는 사회적 기업인데 자원순환사업을 함께 하자고 의사를 전해왔다.

물류센터 부지를 계약한 후에 부동산의 자산 가치도 올랐다. 여름이 오기 전 3월에 미리미리 알아보기 위해서 부지를 보러 다녔는데, 마침 '이거다' 싶은 곳을 발견하고는 저녁 9시에 급히 보증금을 보냈던 기억이 난다. 장마 피해는 정말 피하고 싶었기 때문이다. 그리고 나서 두 달 후 신도시 개발 발표가 났다. 물류 센터는 수용지가 아니지만 본사 건물이 신도시로 수용되는 구역이어서 평당 토지가격도 급격히 올랐다.

나는 사업에도 운대와 기세가 있다고 생각한다. 미신을 믿는 건 아니지만 운칠기삼(運七技三, 7할의 운과 3할의 실력이 성공을 만든다)이라는 말도 있지 않은가. 물론 70%의 운이 채워져도 30%의 재주를 갖춰놓지 않으면 원하는 결과는 만들어낼 수 없다. 될 수밖에 없도록 준비하지 않으면 운이 왔을 때 그걸 잡아낼 수가 없을 것이다. 준비된 사람이 아니라면 운이 와도 그걸 알아챌 수가 없다.

▣ 공간과 조직 재정비는 계속된다

본사와 물류센터 안에서의 공간감도 우리가 일을 하는 데에 상당한 영향을 미친다. 직원이 40명 정도였을 때 우리는 체계가 없었다. 조립하던 사람이 테스트를 하기도 하고 영업을 하기도 했다. 디자이너까지 고객 전화 응대를 하기도 했다. 리뉴올PC를 론칭해서 일이 많아지고 직원이 70명으로 늘어나자 각자 전담하는 업무를 팀으로 나눠서 하지 않으면 안 됐다.

이후에 리뉴올PC 광고가 좋은 반응을 얻고 나서 더 일이 많아지자 같은 팀 안에서도 업무를 나눠야 했다. 홈페이지 담당하는 팀에서 출력도 하다가 전화도 받다가 댓글도 다는 게 아니라 담당 업무를 정해 그것만 전담해야 늘어난 물량을 소화할 수 있었다.

우리는 매입하는 물량이 늘어나면 직원도 늘어났고 우리가 사용하는 시설도 늘어나고 공간도 커졌다. 그렇지만 매출이란 기복이 있어서 올라갔다가도 내려갈 때가 있다. 산이 높으면 계곡도 깊은 법이다. 그럴 때는 잉여인력이 생기기 때문에 회사에는 부담이 될 수 있다. 일이 많을 때 세분했던 것을 일이 적어지면 업무를 합하는 시기도 있다. 예를 들면 조립팀, 포장팀, AS팀을 합해서 같이 관리하는 것이다. 포장했던 사람이 조립도 하고 AS도 하다 보면 능력 향상의 효과도 따라온다. 직원들도 하던 업무만 하고 세분화된 작은 업무만 반복하면 전체를 보는 눈을 기를 수가 없다.

매출이 떨어지는 시기에는 크게 자재팀, 생산팀, 영업팀으로 나눠서 조직관리를 하고 있다. 일이 많을 때는 영업팀 안에서도 온라인팀, 데스크탑팀, 노트북팀 등으로 나눌 수 있지만 조직을 작게 재정비해야 하는 시기에는 이걸 모두 합하기도 한다.

직원들이 일하는 동선을 바꾸면 업무의 내용과 질이 바뀌기도 한다. 직원들 입장에서는 내부 배치를 자꾸 바꾸는 것이 귀찮을 수 있지만 생각의 전환을 만드는 계기가 되기도 한다. 매출을 만들어내는 영업팀의 경우에는 일렬종대로 배치했던 자리를 넓게 ㄷ자로 만들었더니 능동적으로 바뀌었던 사례가 있다.

직원 민원을 받아서 개선사항을 수집했을 때에는 평소에 보지 못했던 걸 발견하기도 한다. 한 예로 먼지를 제거하기 위해 집진기가 있는 공간으로 들어가는 곳에 턱이 있었는데 작업의 편이성을 위해 이걸 없애기로 했다. PC 본체를 20대씩 캐리어에 싣고 오면 턱이 걸려서 집진기가 있는 공간으로 캐리어를 끌고 갈 수 없으니까 일일이 하나씩 무거운 걸 들어서 나르던 불편함이 있었다. 그 점을 개선한 것이다. 지금 현 상황이 최선이라는 생각을 버리면 더 나아지는 것이 분명 있다.

"너희가 단가를 너무 내려버리면 우리가 힘드니까 좀 살살 해", "너희만 물건을 너무 많이 갖고 있는 거 아냐?" 가끔 이런 전화를 거래처로부터 받을 때가 있다. 한 마디로 월드메모리가 업계 표준인데 우리 쪽에서 조금이라도 움직임을 보이면 업계 전체가 영향을 받는다는 내용이다. 그만큼 2020년 이후로 중고 컴퓨터 시장에서 확실히 우리 회사의 독보적인 입지가 확실해졌다고 생각한다.

거래처가 곧 경쟁업체이고, 경쟁업체가 거래처가 되기도 하는 이곳 업계에서 우리 회사가 확실한 우위에 있다고 인정받는 부문이 있다. 매입에서 넘버원이라는 것, 중고 컴퓨터 중에 유일하게 리뷰올PC라는 브랜드가 있는 업체라는 것, 매입량이 많은 만큼 물건을 보관하고 있는 물류센터를 따로 두고 있다는 것이다. 어느 산업에서든 규모는 참 중요한 역할을 한다. 일반 소비자들도 "리뉴올PC가 이렇게 큰 곳이었어?"라며 규모를 확인했을 때 신뢰를 갖는 것 같다.

신품 컴퓨터도 상위 10개 업체가 시장의 90%를 차지하고 나머지 200~300개 업체가 10%를 나눠먹는 식의 점유율을 보인다. 20년 전 무렵에는 중간 규모의 회사들이 있었는데 지금은 찾아보기가 힘들다. 다른 업종도 마찬가지라고 생각한다. 초창기의 포털 사이트를 떠올리면 네이버, 다음 외에도 야후, 코리아닷컴, 라이코스 등이 있었지만 지금은 소비자들의 인식에서 사라졌다. 생활가전도 밥솥, 김치냉장고 등 특화된 부문이나 소형가전을 제외하면 삼성과 LG뿐이다.

우리 회사는 매출 규모를 키우되 장점을 확실하게 유지하기 위한 노력을 하고 있다. 온라인 판매를 확대했고, 매입과 관련해서는 상생할 수 있는 제휴업체를 늘려나가고 있다. 업종 특성상 조금만 배우면 쉽게 독립해서 사업체를 꾸릴 수 있다 보니까 경쟁업체가 점점 늘어나는 것 같지만, 그만큼 거래처도 늘어나게 된다는 점이 재밌다.

이뿐만이 아니다. 시대가 우리에게 장점을 하나 더 선물하고 있다. 지금은 대기업들도 지속가능 경영을 위해 ESG의 실천을 요구받는 시대다. ESG는 기업의 생존전략으로도 다뤄지고 있다. 리사이클 친환경기업인 월드와이드메모리의 입장에서도 ESG는 당연히 관심사이고 장점으로 만들기 위해 노력하고 있다. 월드메모리에 연락하면 기업이든 개인이든 중고 컴퓨터를 사준다는 점에서 E(환경), 기부 활동을 지속해가고 있다는 점에서 S(사회)를 실천하고 있다. 회사를 더 탄탄하게 만들면서 나머지 G(지배구조)에 대해서도 개선할 수 있는 방안을 찾고 있다.

📟 '장사꾼'이 아니라 '기업가'가 되고 싶다

업계에서 확실한 입지를 구축하고 있는 지금의 우리가 늘 잘해왔던 건 아니다. "재무제표 제출하세요", "회사소개서를 가져오세요"라는 말을 들었는데 제대로 갖추고 있는 게 변변찮다는 걸 깨달았을 때는 절망에 빠지기도 했다. 어떤 게 잘못 됐는지 어떻게 해야 되는지 잘 몰랐기 때문이다.

그러나 절망은 내가 공부를 하게 된 계기가 되어주었다. '진짜 기업을 만들고 싶다', '나도 기업인이 되고 싶다', '제대로 된 기업, 기업다운 기업으로 키우고 싶다'라는 생각을 하면서부터 변화를 만들어갈 수 있었다. 한 마디로 장사가 아니라 경영을 하고 싶었다.

코스피 상장사인 한 기업과 투자 말이 오갔을 때 그곳은 자금일보, 업무보고, 동향분석 같은 문서들을 들고 와서 보고하는 걸 보고 내 눈에 많이 달라 보였다. 하물며 그 자료를 모아서 통계를 내거나 분석을 하는 건 우리에게는 먼 이야기였다. 그 당시에 우리 회사는 그야말로 셀링, 회계, 시스템, 조직관회 등이 없다는 생각이 들었다.

투자 관계를 철회하고 난 후에는 우리 회사도 많이 달라졌다. 다양한 시도를 했는데, 조직 체계를 잡아가는 노력을 하면서 우리 일에 대한 콘셉트를 정교하게 다듬고 문서화하는 일들을 계속했다. 그때 한참 '우리의 신사업은 무엇인가'라는 고민을 많이 했는데 우리가 할 수 있고 매출을 늘려나갈 수 있는 것들을 찾아봤다. 그 결과 용산 사무실에서 신품 사업을 시작하게 되었고, 매출 규모를 늘릴 수 있었다. 나중에 개인소비자들을 대상으로 온라인 판매를 본격화한 것도 그 고민들의 결과였다.

투자를 검토했던 회사에서 내가 경영 수업을 받은 건 아니지만 건강한 자극을 많이 받은 건 사실이다. 우리 회사는 회의를 해도 나 혼자 이야기하는 식이었고, 호칭도 "형"이라고 부를 정도로 회사보다는 학교 동아리같은 분위기였다. 임직원들이 생각해온 것을 발표하면 회장은 듣는 회의 방식은 당시 나에게 신세계 같은 충격이었다.

이를 통해 우리 회사를 객관적으로 바라보게 됐고, 시스템을 갖춘 회사는 어떠해야 하는지에 대한 관점을 배웠다. 그 결과 100억 원대였던 매출은 이제 500억 원을 넘어섰다.

📠 직원들이 잘 살아야 회사가 산다

탄탄한 회사가 되려면 대표는 물론 직원들의 성장은 중요한 일이다. 시스템을 잘 만들어놓는 건 필수다. 영업팀의 경우 예전에는 상품이 있으면 그냥 온라인에 갖다 올리고 파는 것이 전부였다. 지금은 그 상품에 대한 고객들 반응을 분석하고 통계를 내서 더 개선점을 도출해내는 걸 배우고 있다. 데이터도 수집하고 어떻게 읽을지 분석할 수 있어야 하고 써먹을 수 있어야 한다. 그걸 배우는 직원들은 더 성장할 것이다. 외부 강사를 초청해서 교육하거나 자기 업무에 맞는 교육을 신청하는 것도 환영이다. 업무의 연장선상에 있는 경우에는 무조건 지원해주고 있다.

우리 회사에는 장기근속자가 꽤 많은 편이다. 4~5년 차 근속자는 물론 8~9년 차도 꽤 있다. 그런 직원들은 예전에는 싱글이었다가 지금은 기혼자가 된 경우가 대부분이라 매년 월급이 오르긴 했어도 부족할 수 있다. 그럴 때는 새로운 업무나 직책을 맡기면서 기회를 주려고 한다. 직원에게 더 주자고 들면 한도 끝도 없긴 하겠지만 그래도 회사 입장에서 챙겨줄 수 있는 걸 최대한 찾고 싶다. 직무교육에서도 더 많은 걸 배울 수 있는 기회를 만들고 있다.

나는 우리 직원들이 잘 살면 좋겠다. 우리 직원들이 질 높은 삶을 살았으면 하는 마음에 출퇴근 시간도 바꿨다. 7~8시에 퇴근하던 직원들이 6시로 퇴근 시간이 바뀌자 고마워하고 있다. 용산 사무실과 거래처들이 7시에 끝나기 때문에 반대 의견도 있었는데, 결단이 필요했다. 퇴근 시간이 당겨지자 직원들이 할 수 있는 것이 늘어났다.

"집에 갔다가 헬스장에 가면 8시인데 그 시간이 제일 사람이 많아요. 돈 내고 운동하러 갔는데 러닝머신을 못 뛰고 올 때도 있었어요. 그런데 한 시간 일찍 퇴근하니까 운동할 거 다 하고 올 수 있어서 너무 좋아요." 이런 직원들의 사례가 많다.

회사가 시스템을 갖춰가면서 그전에는 안 보이던 것들이 조금씩 눈에 보이는 것 같기도 하다. 직원들에게는 월급을 많이 받는 게 삶의 질을 높이는 가장 행복한 일일 것이다. 그렇다고 마냥 월급이 올라가면 인건비가 중요한 업계 특성상 회사의 존속에 위기가 올 수도 있다. 그렇다면 인력관리에 조금 다른 관점을 도입해도 될 것이다.

많은 사람들에게 최고의 대우를 하는 것이 어려우면 인원을 줄이되 그 직원들에게 더 많은 걸 해주면 된다. 90명에게 조금 잘하려고 하지 말고 60명에게 많이 잘해주면 된다. 성수기에 바쁠 때는 타임제 인력으로 보완하는 걸로 하면 60명에 대해서는 생산성을 높이면서도 확실한 대우를 해줄 수 있다. 인원을 줄이고 급여를 높임으로써 인재를 만들어내는 시스템도 가능하지 않을까 생각한다.

어느 날은 퇴근 시간에 회사 앞에서 직원들이 우르르 나오는 모습을 보았다. '저 많은 사람들이 여기서 같이 일을 하고 있구나' 하는 생각이 들면서 직원들 한 명 한 명 참 소중히 여겨졌다. 지금까지 그 자리를 지켜주고 있는 사람들이 고맙다. 우리가 어딘가의 구성원이 된다는 건 어쩌면 신비한 일이다. 신입사원들에게 네임텍을 만들어주면 목에 잘 걸고 다닌다. 그걸 차고 있으면 기분이 너무 좋다면서 큰 회사에 다니고 있다는 기분이 든다고 한다. 그런 직원들한테 잘해주자는 생각이 들면서 감사한 마음이 생겼다. 그 자리에 있어줘서 참 고맙다고.

Re
New
All

5장

세상을 읽는 안목
우리가 만들려는 세상

그동안 용산에서 일하던 많은 사람들이 창업을 했다. 나 역시 일을 배운 지 3년 만에 독립했고, 우리 회사에서 일하던 직원들 중에도 독립하겠다며 퇴사한 사람들이 꽤 있다. 그렇지만 회사를 키우고 성장시켜 시스템화된 조직으로 만들어가는 사람은 드물다.

이쪽 업계에서는 직원 수가 늘어나는 것을 보면 그 회사 매출 규모가 얼마나 될지 짐작할 수 있는데, 창업하고 나서 20명 이상의 직원 규모로 키워가는 걸 많이 보지 못했다. 그나마 자기 밥벌이는 해서 직장생활을 할 때보다 나으면 괜찮지만, 변화에 대처하지 못하고 점점 월급보다 적은 수익으로 떨어지는 경우도 많다. 아예 폐업하는 사람도 심심찮게 보인다.

나는 2000년에 용산전자상가에서 컴퓨터 메모리의 유통을 처음 배웠고, 2003년에 월드와이드메모리를 창업한 이후로 중고 컴퓨터의 매입과 재제조로 20년 만에 500억 원이 넘는 매출을 올리고 있다. 지금은 컴퓨터 부품 7개 품목과 노트북, 맥북, 태블릿, 모니터 등 IT 기기를 모두 다루고 있으며 온라인 매장과 오프라인 매장에서 모두 매출이 발생한다.

심지어 물류센터에서도 해외에서 온 바이어를 통해 매출이 발생한다. 매입은 일반 소비자와 기업 소비자를 모두 대상으로 하며 관공서도 포함된다. 중고 컴퓨터 브랜드인 '리뉴올PC'와 매입 브랜드인 '월드메모리'를 보유하고 있고, 월드컴퓨터란 이름으로 신품 조립 PC가 다나와 같은 가격비교 사이트에서 판매되고 있다.

반면에 용산에는 나와 비슷한 시기에 창업했지만 20년 전과 아직도 비슷한 규모의 사무실을 유지하고 있는 사장님들이 꽤 있다. 그들과 나의 다른 점은 무엇이었을까? 책을 쓰기로 결심했을 때 지난날을 정리하고 스스로를 가만히 들여다보는 시간을 갖기 위해 이 질문에 대해 생각해본 적이 있다.

그들에게는 없지만 나에게만 있는 것, 즉 나만의 무기가 있었던 것 같다. 어느 업계에서 일하고 있는 사람이든 어느 회사든 나만 갖고 있는 차별적 우위성이 있다면 그는 성공할 수 있을 것이다. 또는 대단한 성공이 아니더라도 최소한 지속 가능한 생존은 할 수 있을 것이다.

2012년 무렵 나는 회사 조직을 정비하고 시스템을 만드는 것이 얼마나 중요한지 깨달았다. 회사를 잘 다니고 있던 직원들이 우르르 나가는 일이 3번 정도 반복되고 나서 사태의 심각함을 절감했고 직급 체계부터 세워야겠다고 생각했다. 그전까지는 나를 "형"이라고 부르는 직원들도 많았다.

"나는 형 보고 일했는데 왜 날 안 챙겨줘"라는 식으로 이야기하며 퇴사하는 사람들이 있었다. 그중에는 월급을 많이 준 직원들도 있었다. 2008년에 월급 700만 원을 받았던 직원이 있었는데 지금 생각해도 적지 않은 금액이었는데도 부족하다며 불만이 많았다. 우르르 직원을 데리고 나가 독립했던 사람 중에는 지금은 이 일을 안 하는 사람도 있다.

나는 사실 그때 '직원들이 왜 퇴사를 할까' 생각할 겨를도 없었다. 공백을 메우기 위해서는 너무나도 할 일이 많았다. 그러다 보니 몸이 힘들었다. 머리는 항상 아팠고 병원에 가야 할 증상을 달고 살았다. 그런데 조직에 체계가 잡히기 시작한 이후로는 두통이 사라졌다. 지금 생각해도 희한한 일이다.

그 이전에도 이후에도 내가 집중적으로 신경썼던 것은 물량의 대량화였다. 거래처가 많아지면 어떻게든 판매는 가능하기 때문에 매입은 언제든 환영이었다. 직원이 퇴사해서 독립하겠다고 하면 후임을 뽑아야 하니까 낭분간은 스트레스를 받았지만 곧 괜찮아지곤 했다. 독립한 직원도 결국엔 나의 거래처가 될 수 있기 때문에 그 자체가 최악의 상황일 수는 없었다. 직원의 독립은 그 사람이 담당하던 거래처를 뺏기는 일이라고 볼 수도 있지만, 우리 회사는 규모의 경제를 유지하고 있었기 때문에 대량의 물건을 구하기 어려울 때는 거래처도 결국 우리에게 돌아오곤 했다.

회사가 용산에 둥지를 틀고 있을 때와 달리 그곳에서 벗어나 본사와 물류센터가 우리만의 공간을 확보하게 되자 업무에 지장을 줄 정도의 집단퇴사 현상은 사라졌다. 새로 뽑은 인재들도 용산과 인연이 없는 사람들이라 우리만의 문화를 가지고 회사를 경영하는 것도 가능해졌다.

지금에 와서 보면 2005년도에 용산을 탈피한 건 잘한 결정이었다. 당시에는 고민을 했지만, 물량을 대량화하고 규모의 경제로 할 수 있는 일을 찾아서 하다 보니까 회사의 여건도 점점 좋아진 것 같다.

만약 당시에 물류센터 확보는 부담스러운 일이라고 판단해 투자하지 않았다면 지금도 용산에서 20년 전과 똑같은 일을 반복하고 있었을 것이다. 작은 업체들이 많이 사라졌다는 사실을 감안하면, 그때의 결단을 내리지 않았다면 지금의 월드와이드메모리는 없었을지도 모른다.

▣ 나만의 무기 만들기 ② 세분화된 전문성

월드와이드메모리만이 가지고 있는 무기는 또 하나가 있다. 중고 컴퓨터를 매입하고 테스트하고 재제조해서 판매하는 모든 공정을 커버할 수 있다는 것이다. 세분화된 전문성이 우리의 무기다. 매입 플로우와 판매 플로우를 시스템화해 놓은 덕분에 어느 공정에서도 웬만해선 과부하로 밀리는 일은 없다.

우리 회사를 어떻게 보느냐에 따라 경쟁업체는 달라지는데, 컴퓨터 리사이클 기업으로서 우리가 하는 일의 스펙트럼이 넓기 때문이다. 전시몰 같은 판매 전문 쇼핑몰도 보는 사람에 따라서는 경쟁업체로 보일 수 있다. 컴퓨터는 물론 가전제품 모두를 다루는 종합쇼핑몰과 비교하면 월드와이드메모리는 크지 않은 기업이다. 그런데 중고 컴퓨터를 수출하는 업체 입장에서 보면 월드와이드메모리는 결코 작지 않은 곳이다.

분야별로 우리는 5위 안에 드는 규모를 유지하고 있다. 품목별로 봐도, 채널로 봐도 5위 안에는 든다. 가전제품 전체로 보면 우리가 작아 보일지 몰라도 컴퓨터만 보면 큰 업체가 10개 팔 때 우리는 20개 파는 식이다. B2B든 B2C든 온라인이든 입찰이든 홈페이지 판매이든 댓글 올라오는 개수를 보면 타 업체에 비해 압도적으로 활성화돼 있다.

삼성의 이병철, 이건희 회장이 꼼꼼한 관리가 장점이라면, 나는은 '우순함'이 상심이다. 직원들도 내 성향을 따라가는지 8, 9년 장기 근무자들이 많다. 5년 이상 다닌 직원이 40%를 넘는다. 오래한 직원들은 공정을 다 알기 때문에 담당 업무가 아니어도 전체를 보며 일한다. 매입하는 사람도 온라인 판매를 신경 쓰고 온라인 오픈마켓 업무를 하면서도 홈페이지 매출을 신경 쓰면서 서로 돕는다. 전체를 보는 시각을 가지고 전문가로서 일한다. 애초에 우리는 모든 공정을 다 다뤄왔기 때문에 직원들의 시야가 넓다.

매입팀은 매입해서 들어온 물건에 대해서 빨리 팔라고 재촉하고, 영업팀은 매입 물건 리스트업을 빨리 하라고 재촉한다. 매입이 들어오면 그걸 빨리 한 달 안에 팔아내고 새로운 걸 매입하기 위해서 서로 조정한다. 일정량은 B2B로 주고, 일정량은 B2C로 배정해 한 달 안에 다 팔면 창고에 처박아둔 채 정체되는 일이 없다. 그렇지 않고 만약 특정 매입품을 온라인에서만 팔겠다고 3개월간 갖고 있으면 매입품은 또 들어오기 때문에 정체된다. 계속되는 리스트업과 팀간의 조율은 이런 현상을 미연에 방지시킨다.

리뉴올PC에 필요한 부품은 수량을 확보해놓고는 있지만, 쌓여 있는 재고는 빨리 팔고 또 매입하는 것이 원칙이다. 부품 재고가 없으면 다른 거래처에서 수급받아서 조립하면 되니까 부품이 없어서 리뉴올PC를 못 파는 경우는 없다. 그래야 매입팀에서 유리한 단가에 무조건 사들이는 것이 가능하다.

재고가 많이 있는데 같은 품목에 대한 매입 의뢰가 또 들어왔다면 그건 공급량이 늘어난 것으로 보고 더 싸게 들여올 수 있다. 원가는 내려가면서 양은 많아지니까 먼저 들어온 물량을 빨리 팔아내는 것이 단기 목표가 된다. 다만, 오를 것 같다는 가격 예측이 나왔다면 더 비싸게도 살 수 있다. 쉽지 않은 일이지만 20여 년간 우리는 이 일을 꾸준히 하고 있다.

내가 너무
부족한 것 같아
불안할 때

회사에서 나는 조심스러운 스타일이다. 뱉은 말은 지킨다는 것이 원칙이기 때문에 과장이나 헛말은 하기 싫다. 일단 말했다가 "아님 말고" 하는 법은 없다. 사람들이 나를 믿는 이유는 아마도 말에서 오는 것이지 않을까 생각한다.

말의 힘을 간과할 수 없기 때문에, 다른 사람에게 문자를 보낼 때도 보내기 전에 충분히 고민하고 정리해서 보낸다. 내가 어떤 말을 꺼냈을 때는 생각을 충분히 끝낸 뒤라는 걸 직원들도 알기 때문에 내 말을 흘려듣지 않는다. 이건 꼭 해야 하는 일이라는 걸 인지하는 것이다. 그냥 하는 말이 아니라는 걸 직원들도 아니까 말에 힘이 실리는 것 같다.

나는 행동을 하기 전까지는 아주 많은 생각을 하고 그걸 정리하는 데 대체로 시간이 많이 필요했다. 조직을 정비하고 직급 체계를 확실히 한 뒤부터는 회의나 지시를 할 때 종이에 적어놓고 그 내용으로 말하기 연습을 했다. 톤까지도 연습해야 했는데 그러면서 말을 다듬고 완성했다. 다른 사람 앞에서 스스럼없이 생각하는 대로 말하는 게 나에게는 힘든 일이었다. 내가 부족하다고 생각해서 그랬던 것 같다.

지금은 말을 하다 보면 내 생각이 정리되고 상대가 하는 말도 일단 들어보면서 보완하는 게 좋다고 생각한다. 뾰족했던 내 생각들은 다른 사람들의 의견을 들으면서 유려하게 다듬어지는 것 같다. 거기에 나의 의도가 왜곡되지 않도록 말을 다듬는 과정도 보태져야 한다. 어찌 보면 생각이 확고해야 말이 정리돼서 나가는 건지도 모르겠다.

지금까지 회사를 키워오면서 항상 자신감만 있었던 것은 아니다. 불안하고 두려웠던 순간들도 있었다. 동업을 종료하고 입찰을 더 많이 해보려고 2015년 큰 물류센터로의 이전을 강행했을 때도 나 혼자의 추진력으로 가능하겠는지 처음에는 불안한 마음이 컸다. ERP 시스템을 만들면서 길을 헤맬 때도 '다시 되돌려야 하는 건 아닌가' 하는 불안감은 나를 무섭게 덮쳤다.

📇 "어떡하지? 회사 망할 것 같아"

내가 경험한 불안감의 최고조는 2021년 ERP 프로그램을 개발할 때였다. 초기 구축 비용만 2억 원이 들어갔는데, 처음엔 제대로 가동되지 않았다. 발바닥에 티눈이 30개 이상 뒤덮여서 병원을 들락거릴 때도, 직원들이 우르르 퇴사해서 업무에 구멍이 났을 때도 이때 느낀 괴로움에 비하면 아무것도 아니었다.

그동안 내 머릿속에서는 회사 재고는 얼마, 미수금은 얼마, 통장에는 얼마가 있고 이자비용은 얼마를 남겨두면 되는지 회사 운영에 관한 거의 모든 것이 항상 파악되고 있었다. ERP 구축을 시작한 것은 매출이 커지면서 더 이상 기억력에만 의존할 수 없다고 생각했기 때문이다. 좀더 디테일하게 한눈에 볼 수 있다는 기대감도 있었다. 그런데 이게 영 생각과는 달랐다. 아날로그 방식으로라도 회사의 중요 자산 정보에 대해 항상 볼 수 있었던 이전과 달리, 프로그램을 만들었는데도 이게 도무지 제대로 보이질 않아서 나는 당혹감을 감출 수가 없었다.

20년 동안 사업하면서 자금과 재고가 한눈에 머릿속에 파악되지 않았던 적은 없었다. 그런데 자동화를 기대한 ERP에서 그게 보이지 않으니 나의 멘탈이 무너져버렸다. 회사 데이터와 함께 나의 존재도 다 사라져버린 듯한 그 느낌은 정말 끔찍한 경험이었다. 아침에 출근할 때마다 나는 회사 문앞에서 '못 들어가겠어. 가슴이 탁 막힌다'라며 머뭇대기 일쑤였다.

ERP 시스템을 구축한답시고 손가락 하나 까딱 잘못해서 20년 공든 탑이 와르르 무너질 것만 같은 느낌은 정말 공포 그 자체였다. 아무리 자동화, 디지털화가 편리하다고 해도 그건 세부적인 것들이 모두 조정이 끝났을 때 누릴 수 있는 혜택이다. 큰 틀이 잡히기 전까지는 '0' 하나를 더 붙이거나 빠뜨리는 실수 하나만으로도 모든 게 박살날 수 있었다. 곱하기를 해야 하는데 나누기를 하는 실수 하나에도, 판매를 눌러야 하는데 구매를 누르는 작은 실수 하나에도 회사가 공중분해될 수 있다는 생각은 나를 옥죄었다. 당시에는 정말 매일 울면서 회사에 다녔던 것 같은 느낌인데, 그때가 20년 사업하면서 가장 힘들었던 때였다. 그전까지 겪었던 문제들은 아무것도 아니라고 생각될 정도로 심각했다.

🖥 불안함을 떨쳐버리고 앞장서서 나가다

그런데 지금 생각해보면 그때의 불안은 혼자서 상대적 박탈감을 느끼고 있었던 탓인지도 모르겠다. 당시 2021년은 코로나19 팬데믹 하에 전세계적으로 통화량이 늘어나고 자산 가치가 올라갈 때였다. 나는 회사에 투자하느라 아파트를 팔았는데 집값은 치솟고 주식은 고공행진을 계속하고, 비트코인은 1BTC에 6,000만 원을 넘어서더니 8,000만 원을 뚫었을 정도로 폭발하고 있었다. 나는 일에 집중하느라 주식이나 코인은 한 석이 없었다. 반면에 용산의 컴퓨터업체 사장들 중에는 일찍부터 코인을 접하고 손을 댄 사람들이 많았다. "나 이번에 8,000만 원 벌었어. 야, 너 중고 PC 팔아서 언제 돈 벌래?" 이런 전화가 수시로 걸려왔다.

나는 낮에는 노심초사하니 ERP의 진행을 지켜보느라, 밤에는 불안감에 잠을 못 자느라 체중이 6킬로그램이 빠졌다. 아내의

말로는 동공이 자주 떨렸고 앙상해진 데다가 뒤에서 보면 몸을 덜덜 떨고 있는 것이 꼭 넋이 나간 사람처럼 보였다고 한다. 번 아웃이 된 것이다. 하루는 떨고 있는 뒷모습을 보다 못한 장모님 께서 나를 꼭 안아주시며 "불안해하지 마라" 하셨다. 지금 생각 해보면 내가 안정을 찾은 것은 그때부터였던 것 같다.

'이 불안은 의지로 극복할 수 있는 문제가 아니다. 빨리 눈앞에 있는 현안에 집중해서 문제를 해결해야 끝날 일이다.' 이런 생각이 들자 나는 행동도 바꿀 수 있었다. ERP 구축은 전사적인 작업이라 생각해서 그때까지 나는 뒤에서 지켜보는 중이었다. 이 래라 저래라 하기보다 전 직원들과 다 함께 해낸 성과이길 바랐던 것 같다. 그런데 이러다 내가 먼저 쓰러질 것 같다는 생각이 들었고, 일을 빨리 해치우는 것이 맞다고 판단됐다. 이후로 나는 적극적으로 앞에 나서서 진두지휘하기 시작했다.

물론 직원들도 정말 열심히 ERP 프로그램을 써가며 디테일을 조정하고 사용법을 익히고 있었다. 너무 열심히 한 나머지 서로 사용법을 가르쳐주기도 했는데, 문제는 잘못 가르쳐주고 있는 경우도 있었다는 것이다. 그래서 문제 행동들을 솎아내고 경영지원팀의 진두 하에 상황을 진압해 나갔다. 지금은 개인 자산에 투자하는 것이 아니라 회사에 투자했던 나의 선택이 옳았다고 생각한다.

▥ 순간의 불안을 극복하는 법

확신에 차서 일을 벌였어도 불안, 초조의 감정이 나를 힘들게 할 때가 있다. 그럴 때 책 읽기는 나에게 많은 도움이 됐다. 알랭 드 보통의 《불안》(정영목 역, 은행나무, 2011) 같은 책을 사기도 하고 《사장으로 산다는 것》(서광원, 흐름출판, 2012) 같은 책을 보면서 '나만 힘든 게 아니구나' 하는 위안을 받았다.

책을 가까이한 뒤부터는 머릿속이 복잡할 때 메모를 많이 한다. 계속 생각하고 있어봤자 해결되지 않을 때는 메모를 해놓고 '이것만 해결하면 된다' 생각하고 잊어버리려고 한다. 적어놓았으니까 중요한 걸 잃어버릴 염려는 없고, 대신 메모지가 나의 걱정인형이 되는 셈이다.

퇴근 후 저녁에 '내일 뭔가 해야 되는데 그게 뭐였지?'라고 머리가 아파오기 시작하면 나는 메모지를 꺼냈다. 내일 할 일을 떠올리면서 'To Do 리스트'를 적는 것이다. 거래처 어느 곳에서 돈을 받아야 하는지, 영업팀과 어떤 이야기를 해야 하는지, 그런 것들을 적어놓으면 두통이 나아지곤 했다. 불안하고 고민에 휩싸이면 잠이 안 온다는 사람이 많은데, 그럴수록 나는 잠을 많이 자려고 노력했다. 에너지 충전을 위해서 꼭 필요한 조치였다.

코스피 상장사에서 투자받는 것을 검토할 때도 나는 스스로 부족함을 극심하게 느꼈다. 의사결정자로서 마음대로 정하던 것을 일일이 보고서로 만들어야 한다는 것은 몸도 마음도 힘든 일이었다. 밤에는 보고서 쓰느라 마치 투잡을 뛰는 것 같았다. 마치 회사가 망해서 다른 회사에 취직한 사람처럼 자존감도 떨어져 있었다.

그때 내가 느끼던 부족함을 채워볼 생각으로 사이버대학교에서 경영학 수업을 들었다. 일과 병행하며 한 과목 한 과목씩 클리어했기 때문에 시간은 오래 걸렸지만 실무에서 경험했던 걸 경영학 관점에서 다시 볼 수 있어서 좋았다. 그다지 똑똑할 것 없는 내가 들어도 실무와 연관해서 생각하니까 흡수가 어렵지 않았다. 지금은 10년간 학사 수업 듣기를 끝내고 경영학과 석사과정 중에 있다. 공부는 내가 불안을 극복하는 또 다른 방법이었다.

다행인 건 불안을 불러일으키는 상황이 있을 때 거기에 퐁당 빠져 있다가도 그 상황이 지나가면 앙금이 남지 않는다는 것이다. 직원들을 우르르 끌고 나가 회사를 따로 차린 사람이 있다고 해도 그 사람과 내일은 또 웃으면서 거래를 틀 수 있다. 독립해서 잘되면 우리 회사 제품을 써줄 수 있을 테니까 그것도 고마운 일이다. 다만 퇴사 통보를 받고 직원이 나가기 전까지는 정말 신경이 많이 쓰인다. '어떡해야 되지? 우리 회사 무너질 것 같아' 그런 순간의 불안감이 있는 건데, 그걸 극복하는 방법은 그저 몰입해서 열심히 일하는 것뿐이었다.

중소기업의
인력난은 교육으로
메꾼다

우리는 중소기업이라서 직원들을 뽑을 때 까다롭게 거르면서 뽑지는 못한다. 다만 이력서 상에 과장스럽게 뻥튀기해서 적어놓은 사람보다는 만나봤을 때 진중한 사람을 선호한다. 과시보다 진정성이 우선이다. "제가 회사만 들어갔다 하면 거기는 무조건 500% 성장했어요"라는 식으로 소개를 적어놓은 사람도 있었다. 그런데 과시를 좋아하는 사람은 막상 뽑아도 오래 일하지 못한다. 화려하게 이력서를 쓰지 않았지만 막상 만나보면 사실은 훨씬 더 많은 일을 했던 사람들이 있는데, 그런 사람들이 좀더 신뢰할 수 있는 사람이라 생각한다.

중소기업에서 인재를 찾는 일은 어렵다. 누가 봐도 능력 좋은 사람은 중소기업에 와서 열심히 일하려고 하지 않는다. 실력이 출중한 사람이 몇 명만 있어도 중소기업은 살아날 수 있다. 그런데 그런 사람을 영입하기가 쉽지 않으니까 결국 중소기업에서는 전직원이 다같이 노력하는 수밖에 없다. 평범한 사람들이 모여 배우면서 같이 만들어가는 것이 빠른 길이라고 생각한다. 잠재적 능력을 가진 보통의 인재를 우리 회사에 필요한 맞춤형 인재로 육성하는 방안을 찾는 것이 결과가 좋았다.

마케팅 부문에서 인재에 기대기보다 정확한 매뉴얼의 필요성을 느낀 일이 있었다. 당시에 GDN(구글 디스플레이 네트워크), GA(구글 애널리틱스) 같은 생소한 분야를 접했을 때 입사한 사람이 있었다. 그때 이걸 담당하기로 한 사람이 프리랜서로 변경하기를 원했다가 조율이 안 됐는데, 구글 전체 데이터를 삭제하고 계정의 비밀번호를 변경해버려서 한동안 어려움을 겪었다. 이후로는 업무 매뉴얼을 갖추고 부족한 부분이 있으면 배우고 교육하는 방법으로 해결해가게 되었다. 구글·네이버 검색광고, 디스플레이 광고, 영상(에프터이팩트), 바이럴 마케팅, SNS 광고 등의 분야를 온·오프라인 교육을 통해 채워가고 있다.

중소기업에는 인재 영입의 한계가 있지만 그래도 그 안에서 일머리가 있는 사람들이 있어서 노력의 성과를 볼 수 있다. 함께 호흡을 맞추고 회사에 변화를 줬을 때 잘 적응하고 따라올 수 있는 사람이 좋은 직원이라고 생각한다. 이마트 영업사원이었던 한 직원은 바이럴마케팅 담당으로 업무 보직을 변경한 뒤에 3개월 만에 블로그를 상위 노출시키고 1주일 만에 영상콘텐츠 조회수 1만 6,000뷰를 도달시킨 예가 있다.

📱 월급 많이 주는 사장이 제일 좋지

최근 들어 그런 직원들이 참 소중하다는 생각이 들면서 직원들 복지에 신경 쓰게 됐다. '직원들이 행복했으면 좋겠다'라는 생각을 자주 한다. 그러려면 나는 무얼 해줘야 할지도 자주 생각하게 된다. 직원들에게는 소리 지르지 않고 친절하고 따뜻하게 대해주는 사장이 좋은 사장일까? 그런 것보다는 직원들이 잘 먹고 잘 살게 해주는 것이 가장 중요할 것이다.

얼마 전 직원들 복지 차원에서 대명비발디파크 회원권을 구입해놓고, 직원들 할인가로 50%에 이용할 수 있으니까 사내복지를 이용하라고 알려줬다. "우리 회사 이런 것도 해줘?"라는 반응이 있었던 반면에, 반값 할인가도 부담스러워서 선뜻 신청하지 못하는 직원이 있다는 걸 알았다. 좋은 뜻에서 큰맘먹고 마련한 건데 마음이 아팠다. 그때 들었던 생각은 직원들이 잘 먹고 잘 살려면 회사가 돈을 많이 벌어야 한다는 것이었다. 직원 입장에서는 월급 많이 주는 사장이 제일 좋은 사장이 아닐까!

사람이면 누구나 더 많은 월급을 받고 싶다. 300만 원 받는 사람은 500만 원 받고 싶고, 500만 원 받는 사람은 700만 원 받고 싶다. 월급을 받는 입장에서는 한도 끝도 없다. 그렇다고 회사 수익에 상관없이 월급을 마냥 올릴 수는 없다. 그러면 할 수 있는 방법은 두 가지가 있다.

하나는 총 인력 중에서 핵심 멤버들만 남겨서 정규직으로 두고 그들에게 더 높은 연봉을 주는 것이다. 인력이 많이 필요한 성수기에만 탄력적으로 일하는 직원을 두면 된다.

또 하나는 능력치를 올릴 수 있는 직원을 선별해 월급을 더 많이 받을 기회를 주는 것이다. 조립팀에 있던 직원을 영업팀으로 발탁해 인센티브를 더 많이 받을 수 있게 한다든지, 팀장으로 승진시키고 팀 관리를 하게 한다든지 변화를 주는 방법이다. 전사적으로 바꾼다기보다 옮기면 잘할 것 같은 사람을 발굴해서 바꿔보는 것이다. 옮겼을 때 회사에도 직원에게도 득이 되는 경우의 수를 계속 찾는 것이다. 팀을 분리한다든지 자재와 테스트를 합해본다든지 필요할 때마다 개편이나 조직관리는 계속되고 있으니까 보직의 변화도 얼마든지 가능하다. 나이, 입사 연도에 상관없이 기회를 주는 게 원칙이어서 직원들이 신나게 일할 수 있도록 돕고 있다.

▣ 60세 직원이 평가하는 우리의 성장 스토리

용산전자상가에서 2평이 안 되는 작은 공간에서 시작해 직원 수 100명 가까운 규모의 회사로 성장하기까지 많은 일들이 있었다. 이제는 조직 재정비를 거쳐 오래 함께 일했던 직원들에게 신뢰와 자부심이 생기고 있는 것 같아 다행스럽다. 회사의 성장이 눈앞에 보이니까 자연스럽게 그렇게 된 게 아닐까 생각한다.

처음으로 대형 물류센터로 이전했던 시기에 입사한 자재팀 부장님이 있는데, 가끔 이런 말을 하신다. "대표가 직접 움직이는데 안 될 리가 있나요? 테스트하는 현장에서도 창고 정리하는 현장에서도 실사를 갈 때도 대표를 볼 수가 있는 걸요."

2014년부터 같이 일했고 지금은 60대가 된 부장님은 월드메모리가 시스템을 갖춰나가는 현장을 오랫동안 함께한 분이다. 회사의 나무 한 그루도 직접 관리하고, 눈이 오면 가장 먼저 빗자루를 들고 나가 눈을 치우며 솔선수범하는 분이다. 출근시간은 9시인데도 8년 동안 7시에 출근하셨다. "이 부장님, 전기가 끊겼어요!", "이 부장님, 화장실이 막혔어요!", "그 물건 어디 있는지 이 부장님께 여쭤봐!" 우리 직원들이 무슨 일이 생기면 항상 찾는 분이다. 내가 번아웃이 왔을 때도 아버지처럼 따뜻하게 토닥이며 챙겨주셨다.

우리 회사는 청년친화기업으로 선정되기도 했지만, 5060 일자리 지원사업에도 참여하기 때문에 직원들의 연령층이 20대부터 60대까지 다양하다. 우리 회사에서 일하는 50대, 60대 분들은 책임감이 있어서 일을 열심히 한다. 5060 일자리 지원사업을 통해 온 분들은 컴퓨터 관련 경력이 없다면 테스트, 포장 등의 일을 하는 경우가 많지만, 소위 말하는 '일머리'가 있는 분들은 단순한 일을 해도 뭔가 다르다. 부장님 같은 경우에도 자재를 어떻게 정리해야 한다거나 라벨링을 어떻게 한다거나 제안을 하며 일하시는 게 달랐다.

부장님은 직원이 부서 이동을 하는 변화기 있으면 이전 파트에서 일하던 내역을 모두 정리해서 "이동 부서에서는 이만한 일들을 할 수 있다"라고 보고해줄 정도로 꼼꼼하게 일한다. 대기업 출신에 경험이 많은 분이라 시스템 구축에서나 직원 관리 차원에서나 도움을 많이 주었다. ERP 시스템을 만들 때도 방향성을 잡아가는 데 힘을 많이 보탰다.

ERP 구축은 자동화 관리를 위해 꼭 필요한 작업이었다. 중고 컴퓨터는 자사 홈페이지에서 판매가 되기도 하지만, 네이버 스마트 스토어, G마켓, 11번가, 옥션, 쿠팡, 위메프 등 다양한 온라인 플랫폼에서 팔리는 물량도 많아서 잘못하면 창고에 재고가 있는데도 불구하고 무리한 단가에 매입을 시도한다든지 어이없는 실수를 할 수도 있다.

"우리 회사 사업모델에 맞는 ERP 구축 사례가 없어서 개발 요구사항을 정의내리기가 어려웠죠. 현재 하고 있는 업무를 하면서 ERP 구축 업무를 병행해야 했으니까 시간이 모자라서 힘들었어요. 개발업체가 우리 회사 사업을 제대로 이해하지 못해 현업 업무가 100% 반영되지 않아 아쉬움이 많기도 했고요."

부장님은 ERP 구축 시의 어려움을 이렇게 회상했다. 초기에는 문제가 많았으나 지속적인 개선으로 작업시간이 단축되고 편의성이 커졌으며, 이제는 자체 시스템으로 지속적인 고도화가 가능해진 상황이다.

ERP시스템 개발뿐 아니라 부장님은 회사의 많은 부분을 생각하신다. "젊은 층이 꺼려하는 직무가 있어서 중장년층 채용은 회사의 고용 안정화에 도움이 된다고 생각해요. 월드메모리가 가진 경쟁우위가 있으니까 이제는 시장에서 주도적 역할을 할 필요도 있다고 봅니다. 컴퓨터 외에 다른 매입 시장에서도 벤치마킹을 하는 등의 불황 없는 지속 성장 모델을 계속 연구해야겠지요." 그는 계속해서 부가가치 사업에 역량을 집중해야 한다며 의견을 주고 있다.

상생하는
자만이
살아남는다

20대 초반에 배달 사원이었던 나는 용산의 구석구석을 돌아다녔다. 그러다가 어디선가 중요한 정보인 것 같은 이야기를 들으면 여기저기 그 이야기를 하고 다녔다. 작은 정보라도 공유하면 좋겠다는 생각을 했던 건데 어린 나이에 순수한 마음에서 했던 행동이었다. 이후에 창업을 했을 때 매입단가를 공개했던 것도 정보를 독점하기보다 대가 없이 공유함으로써 상생할 수 있다고 생각해서다. 상대도 잘 되고 나도 잘 돼야 이 산업이 커질 수 있다고 생각한 것이다.

그렇다고 내가 누군가의 치부를 발설하고 다녔다거나 뒷담화를 하고 다녔던 적은 없다. 이야기가 돌아 돌아서 "야, 니가 나한테 욕했잖아" 이런 말을 듣기는 싫었다. 살면서 그동안 내가 만나온 사람들 중에 내게 티격태격 싸움을 걸어온다거나 기싸움을 하는 사람은 별로 없었다. 자기 주장이나 자기 욕심을 지나치게 채우려는 사람과는 자연스럽게 멀어졌던 것 같다.

거래처와 단가 협상을 할 때는 서로의 입장이 대립할 수 있는 순간이다. 시장가가 5만 원이라면 판매하는 쪽은 5만 5,000원에 팔고 싶고 사가는 쪽은 4만 5,000원에 가져가고 싶은 것이 인지상정이다. 그럴 때 나는 조금 손해를 보더라도 4만 7,000원에 타협을 하는 경우가 많았다. 그런 것들이 쌓여서 한 번 거래했던 사람들은 계속 하게 되는 이유가 됐다고 생각한다.

나만의 이익을 내세워 거래가 성사됐을 때 그 순간에는 마치 이긴 것 같은 기분이 들 수 있지만, 장기적으로 보면 그것은 결코 좋은 일만은 아니다. 더군다나 우리 회사의 정체성은 리사이클 비즈니스를 하는 곳이다. 지구를 살리며 세상과 상생하면서 사는 것, 그것이 우리 회사의 정체성에도 맞는 일이다.

🖳 함께 잘돼야 파이가 더 커진다

월드메모리를 소매점들의 매입 플랫폼으로 브랜딩하겠다는 계획은 기본적으로 전국의 소매점들과 상생하기 위한 것이다. 중고 시장이 점점 커지고 있다는 사실은 많은 사람들이 느끼고 있지만, 막상 사업으로 시작하려면 막막함을 느끼는 경우가 많다. 중고 컴퓨터 매입을 했을 때 일정 물량을 만들지 못하면 B2B 거래를 하기가 애매한 경우가 대부분이고, 중고 컴퓨터를 찾는 소비자들에게 판매를 시작해보려고 해도 중고 부품을 구하기가 어려우면 그게 지속 가능한 사업이 되지 못한다. 또 중고 컴퓨터로 매출을 올려보겠다고 결심했지만 광고나 마케팅을 어떻게 해야 할지 몰라서 고객 유입이 어려운 경우가 많다.

이런 분들에게 월드메모리 가맹에 참여하면 바이럴마케팅, SNS 광고, 네이버 파워링크 등으로 도움을 주는 작업을 확대해가고 있다. 리뉴올PC 브랜딩이 안착했고, 월드메모리의 연간 홈페이지 접속자 수가 2020년 15만 명을 돌파하면서 효과도 확실하게 보고 있다.

또한 사람들이 네이버에서 '월드메모리'를 검색하면 지역의 가맹점으로 링크가 넘어가도록 해놓았다. 이런 부분들에 가맹점 사장님들은 고마워하고 있다. 500평 공간에 부품들도 충분히 확보하고 있어서 가맹점은 언제든 필요한 부품을 유리한 단가에 공급받을 수 있다.

지역 가맹점이 한 달에 10대 정도 중고 컴퓨터를 매입할 수 있었는데 월드메모리를 통해 5대가 더 늘어나 15대가 되었다면, 그만큼 판매할 수 있는 물량이 늘어나 수익 구조가 좋아질 것이다. 소비자들은 굳이 월드메모리 본사까지 컴퓨터를 보낼 필요 없이 가까운 가맹점에서 처분할 수 있게 되니까 그것도 좋은 일이다. 그 가맹점은 매입한 중고 컴퓨터를 테스트하고 재제조해서 팔아도 되고, 아니면 다시 월드메모리가 매입해줄 수도 있다. 가맹점 사장님들도 ERP를 쓸 수 있기 때문에 전화해서 몇 개를 보냈으니 확인해 달라는 그런 절차들은 생략해도 된다.

🖥 돕고자 했더니 상생 파트너가 생겼다

지금 우리 회사의 본사는 용산을 벗어나 있지만, 용산에도 사무실이 남아 있다. 용산은 중고 부품은 물론 신품 품목을 다루며 전진기지 같은 역할을 한다. 본사에 있는 중고 부품을 용산에서 판매하는 경우도 있는데, 용산에도 소매점들이 많이 남아 있어서 이곳에 영업을 한다. 요즘에는 개인 소비자들이 용산에 갈 일이 별로 없기 때문에 "용산은 이제 죽었지 않냐"라고 말하는 사람도 있다. 그러나 실상은 조금 차이가 있다. 작은 소매점들이 많이 없어졌고 개인 소비자들이 더 이상 발길을 옮기지 않는 건 맞지만, 그곳에서 다뤄지는 물류의 양은 어마어마하게 더 늘었다. 온라인 쇼핑몰에서 판매되는 것들이 바로 이곳에서 공급되기 때문이다.

우리가 용산 사무실을 남겨둔 이유는 물건 확보를 위해서 꼭 필요하기 때문이다. 우리가 중고 PC를 다룬다고 해서 신품 부품을 안 쓰는 건 아닌데 만약 용산 사무실이 없다면 우리는 다른 회사에 의존해야 하는 상황이 생긴다. 그러면 단가 경쟁에서 우위에 설 수 없고 수익률도 줄어들 것이다. 용산은 일종의 도매점 역할을 하는 것이다.

용산에서 작은 딜러 업체들이나 소매점들이 많이 없어지긴

했다. 그 대신에 전국에 월드메모리 가맹점이 늘어나면, 이들이 월드메모리 플랫폼 안에서 우리만의 거래처가 되어줄 것이다. 내가 먼저 도움의 손길을 내밀었더니 우리의 상생 파트너가 되어주고 있는 것이다.

다채널화,
다양화된 사회에서
살아남기

　"오늘 하루 아무 일도 일어나지 않으면 그게 더 불안하다." 어느 날 거래처 대표님에게 들었던 말이다. 회사가 너무 조용하면 나중에 더 큰 문제가 튀어나오곤 한다는 것이다. 그 대표님은 2022년 4월 초 중국에서 코로나19 재확산으로 인해 상하이가 봉쇄 조치되자 물류 대란으로 걱정이 많았다. 항만 폐쇄, 노동력 부족 등으로 물류비용이 가중되는 건 수순이었다.

　우리 회사의 경우에는 물류센터로 해외 바이어가 직접 물건을 보러 와서 결제하고 바로 가져가기 때문에 물류비가 큰 위험이 아니지만, 물건을 통관시켜서 가져가는 분들 입장에서는 어려움이 많겠다는 생각이 들었다. 질병, 전쟁, 국제정세 변화 등으로 인해 그렇지 않아도 변화가 많은 글로벌 사회에 공급망 관리는 또 다른 위협 요소가 됐다.

컴퓨터 리사이클 시장에서도 문제가 될 만한 위협 요소들이 있다. 사회가 다변화되어 언제 어디서 문제가 터졌다고 해도 이상할 건 없다. 다만, 다채널화되고 다양화된 환경 안에서 전체를 한눈에 보고 문제가 커지기 전에 미리 예방할 수 있는 시스템을 만드는 일은 중요하다. 변화 요소가 많으면 세상을 읽고 반 박자 먼저 움직인다는 것이 쉽지 않은 일이 된다. 그러나 생존과 직결된다면 어렵더라도 해나가야만 한다. 우리 회사에서 신경 쓰고 있는 변화 중 하나는 ESG 경영이다.

2021년에 우리는 한국기업데이터라는 평가기관에서 ESG 평가를 받았다. 언젠가 관공서에서 조달사업을 할 기회가 있을 때 ESG 점수가 영향을 미칠 수도 있겠다 생각해서다. 사회적 기업이냐, 여성 친화적이냐 하는 인증들을 준비해놓고 있으면 가산점을 받는 경우가 있다.

우리 회사만 해도 벤처 인증을 받아놓은 덕분에 TV 광고 송출에서 중소기업 지분 혜택을 봤던 경험이 있다. 비록 당장 써먹을 데가 없을지라도 준비는 해놓아야 한다. 우리는 환경친화적인 리사이클 기업이라서 E(환경)에서는 좋은 점수를 받았다. S(사회)는 기부 활동을 확대해가면서 점수를 높일 수 있는 여지가 많다. 회사 규모가 아직 G(지배구조)를 신경쓸 만큼 커지지 않아서 이 점수가 낮지만 개선할 수 있는 아이디어를 모으고 있다.

▣ 변화의 파도를 넘으며 정체성 유지하기

20년 전만 해도 컴퓨터 부품 7개 중에 한 품목만 유통해도 먹고살기가 괜찮았다. 회사 이름에도 남아 있듯이 우리도 메모리만 다루던 시절이 있었다. 그러다 직원들이 늘어나고 10년쯤 지나니까 매출을 늘리기 위해 모든 품목을 다루게 됐다. 처음엔 매출 채널이 B2B만 있었지만, 또 10년을 지나보니까 B2B만으로는 먹고살기 힘들었다. 그래서 B2C를 다루게 됐다. 그렇다고 B2B를 버리고 새로운 시장으로 전환한 것은 아니었다. 할 수 있는 모든 걸 다뤄야 했고 세상은 세분화되고 복잡해졌다.

매입에서도 마찬가지다. 메모리만 다룰 때는 가져오는 곳이 정해져 있었지만, 품목이 늘어나니까 거래처가 더 늘어났다. 입찰이라든지 외부 거래처가 아주 넓어지고 복잡해졌다. 매입도 매출도 다채널화되고 다양화된 것이다. 이제 우리에게는 여러 채널 중에 옥석을 가리는 작업이 필요해졌다고 생각한다. 판매량이 저조한 곳이라든가 거래가 원활하지 않은 곳은 과감하게 걸러내고 선택과 집중을 하려고 한다.

리뉴올PC 온라인 쇼핑몰은 중고 PC를 팔고 있다. 게이밍PC, 사무용PC, 영상편집용PC 등을 구성해 놓았는데, 상품 카테고리를 일시적으로 확장시켰던 때가 있다. 예를 들면 러닝머신을 추가시키는 것이다. 만약에 러닝머신을 팔겠다는 업체가 하루 방문자 수가 많이 나오는 리뉴올PC 쇼핑몰 사이트에 상품을 올려달라고 하면 수수료를 받고 페이지를 만들어주는 식이다. 만약 전시몰, 리씽크 같은 곳들은 신청하는 데가 있으면 거의 다 승인하고 쇼핑몰에 페이지를 붙여 매출을 키울 것이다. 그렇지만 이런 방식은 우리 회사 정체성과는 맞지 않다. 우리는 복합몰이 아니라 리사이클 기업이기 때문이다. 남을 따라가다가 매출만 커지고 관리가 안 되면 우리에게는 잡음이 될 수 있다. 이것들을 단순화, 전문화하는 것이 우리에게는 맞다고 판단했다.

리뉴올PC에서는 신품 조립 PC를 팔지 않는 것도 같은 이유에서다. 용산에서 하는 신품 비즈니스는 다나와 같은 비교 사이트에서 특화된 유통이다. 리뉴올PC 안에 신품 조립 PC가 들어가면 가격이 비싸 보일 것이다. 가성비 좋은 PC를 보러 왔는데 그런 걸 보면 콘셉트가 충돌하게 된다. 신품이냐, 중고 PC냐 하는 점은 보이지 않고 가격만 비교해서 비싸다고 느낄 위험성이 있다. 변화에 빠르게 대처하되 우리만의 강점, 우리만의 차별화된 정체성을 잊어서는 안 된다고 생각한다.

신품 조립 PC를 판매하는 가격비교 사이트에서는 다양한 종류의 부품을 소비자들이 비교해보고 자신이 쓸 용도에 맞는 걸 골라담는다. 소비자들도 똑똑해야 구매를 잘 할 수 있는 것인데, 일일이 신경 쓰기 싫은 사람들은 기획된 상품을 골라서 쓰면 된다. 소비자들이 원하는 걸 조사해서 완제품 PC로 파는 것이다. 리뉴올PC는 전원만 켜면 바로 컴퓨터를 쓸 수 있기를 원하는 소비자들을 타깃으로 한 제품들이다. 리뉴올PC 2대 모델 정상훈 씨가 찍었던 광고에 '복세편살'(복잡한 세상 편하게 살자)이라는 말이 나오는 건 그런 이유에서다. 복잡한 과정을 우리가 심플하게 만들어놓지 않으면 소비자들은 심플하게 살 수가 없다.

🖥 리사이클의 마지막은 반짝반짝 금덩어리

"월드와이드메모리는 중고 컴퓨터를 개인이나 기업에게서 매입해 부품별로 테스트를 한 뒤에 부품 상태 또는 조립 PC로 판매하는 곳입니다"라고 말하면 이렇게 반응하는 사람들이 있다. "컴퓨터는 소비가 점점 줄어드는 사양산업 아닙니까?" 그러면 나는 이렇게 대답한다. "괜찮습니다. 우리 회사는 컴퓨터 기업이 아니라 리사이클 기업입니다."

컴퓨터 시장은 점점 파이가 줄어들고 태블릿이나 노트북 소비가 늘어나는 건 사실이다. 리뉴올PC 홈페이지에도 실제로 노트북 문의가 늘었다. 우리 회사는 데스크탑에 강점이 있지만 어쨌거나 시장에서 1위를 하면 된다고 생각한다. 환경이 바뀐다해도 내가 성장할 수 있는 방법은 그게 유일하다. 시장이 100일 때 10을 차지했다면 시장이 80으로 줄었을 때는 20을 차지하면 우리는 성장할 수 있다. 그게 쉽지 않겠지만 전체 시장이 줄어도 점유율을 높이면 된다. 어려운 일은 아닐 것이라 생각한다.

대기업 매입 입찰이 뜨면 그전에는 비딩(Bidding) 사이트에서 경쟁이 심했다. 4~5개 업체가 싱싱하던 때와 달리 최근에는 1~2개 업체밖에 안 들어오는 경우가 많다. 시장이 작아지면 그만큼 이탈

자도 늘어난다. 경쟁자가 저절로 없어지는 것이다. 이탈자가 늘어난 만큼 매입을 맡길 곳이 마땅치 않게 되고 결국 규모를 갖추고 있는 우리 회사로 일이 들어오게 될 것이다. 그래서 꾸준함은 무기가 된다.

1990년대 개인PC 보급이 폭발적으로 증가하기 시작했을 때 "컴퓨터가 이렇게 퍼지면 사람이 할 게 없어진다"라고 말하는 사람들이 있었다. 사무실에서도 경리가 할 일이 없을 것이라는 예측이었다. 그런데 타자 치던 사람이 키보드를 치고 있을 뿐 실제로는 사람이 해야 할 일은 여전히 존재한다. 앞으로도 형태가 바뀔 수는 있어도 컴퓨터에 준하는 도구가 없어지진 않을 것이다.

리뉴올PC라는 브랜드가 있긴 하지만 그것은 우리 회사의 일부다. 리사이클 기업이기 때문에 조립 PC 완제품에서만 우리의 매출이 나오는 게 아니다. 데스크탑이냐 노트북이냐 하는 것도 중요하지만, 재생이 가능하냐 불량이냐 스크랩 처리를 할 것이냐 하는 자원의 관점이 중요하다. 온라인 개인 소비자 매출이 좀 줄더라도 스크랩 제품이 매출을 올려줄 수 있다.

환경친화적인 기업으로서, 자원 재생의 선두에 서 있는 기업으로서 우리는 존재감을 느끼고 있다. 이런 회사의 정체성을 확실히 붙들고 있으면 나도 직원들도 흔들리지 않을 것이라 생각한다. 재생의 마지막 단계로 가면 스크랩 제품에서는 적은 양이지만 금을 추출하기도 한다. 이걸 모으면 금덩어리로 변신해서 나오는 것이다. 대중적으로 앞에서 드러나는 건 리뉴올PC지만 보이지 않는 곳에서 이뤄지는 것들 역시 가치적으로 의미가 크다.

자원을 재활용하고 순환시키는 산업을 이제는 대기업들도 하고 싶어한다. 이제야 관심받고 있는 이 사업을 우리는 20년 전부터 하고 있었을 뿐이다. 우리 직원들은 컴퓨터만 파는 게 아니라 관련 제품이라면 어떻게든 버려진 것들을 재생하고 판매하는 걸 잘한다. 직원들도 충분히 능력을 장착하고 있다. 모태가 처음부터 컴퓨터 기업이 아니라 리사이클 기업이었기 때문이다.

2020~2021년 코로나19 위험이 한창일 때에 비하면 리뉴올PC 데스크탑 판매량은 줄었지만, 매입량은 훨씬 늘어났다. 그만큼 월드메모리 이름이 알려졌기 때문이다. '저 회사가 컴퓨터를 잘 파네. 그러면 저기에 컴퓨터 줘야겠네' 하는 의식이 생겼기 때문이다. 리뉴올PC 브랜딩이 되고 우리에게 생긴 가장 큰 이득은 매입량이 늘었다는 것이다.

"매입이 늘면 그걸 어떻게 다 팔죠?"라고 질문하는 사람도 있는데 자원 재생은 어떤 형태로든 다 가능하다. 컴퓨터 부품은 사양이 낮아도 고장이 났어도 어떤 형태로든 그 본연의 가치가 있다. 스크랩 처리를 하든 고철로 팔리든 불량인 상태로 팔려서 수입한 나라에서 고쳐서 쓰든 다 가치가 있다. 그게 리사이클이다. 판매될 수 있도록 우리는 하나하나 가치를 부여해 주는 작업을 할 뿐이다.

ESG의 궁극은 모든 IT 기기의 리사이클

"야, 너는 그만큼 벌었으면 티가 나야 되는데. 티가 안 난다." 언젠가 나에게 친구가 했던 말이다. 나는 친구들에게 밥을 사는 것도 자주 하고 경조사도 잘 챙기지만, "많이 벌었다고 달라지는 것 없이 변함없고 한결같다"면서 친구들은 내가 편하다고 한다.

하루는 거래처에 갔는데 내가 그 건물 바로 앞에 주차하지 않고 멀리에 차를 대고 걸어갔다. 동행했던 아내는 왜 그렇게 하냐고 물어봤다. 그 거래처는 우리 회사에 비하면 규모가 작은 곳이었는데 대표님이 나보다 한참 어르신이었다. 우리가 타고 갔던 차가 외제차였기 때문에 나는 괜히 과시하는 모습으로 오해받기 싫다고 대답했다. 볼일을 보고 나서는 다시 주차한 곳까지 걸어서 이동했다. 외제차를 구매하고 나면 어떤 사람은 자랑하고 싶은 마음에 방문한 곳의 대문 앞에 버젓이 대놓는 사람도 있을 것이다. 그런데 나는 그런 게 조심스럽다.

이 책을 쓰면서 그동안의 내 삶을 들여다보고, 살면서 중요하게 여겼던 것들이 무엇인지 생각해보았다. 의식했던 건 아니지만 나의 가장 큰 장점은 '정직'이었던 것 같다. 거래처 사장님들은 "너는 정직하니까 신뢰할 수 있다"라는 말을 가끔 했다. 기업의 투명성은 지금도 나에게 중요한 가치다.

사회생활을 처음 시작한 스무 살 때도 나는 사실과 다른 것으로 사기 치는 것, 헛말하는 것이 싫었다. 가진 게 변변찮은데 있는 것처럼 보이려는 것, 가방끈이 짧은데 배운 사람처럼 말하는 것에는 거부감이 있었다. 있는 그대로의 내가 좋다고 생각했기 때문이다. 그보다 나는 좋은 기운을 전파하는 사람이고 싶었다.

나에게 좋은 일이 자꾸 생기는 이유

주변 사람들 중에 나쁜 기운이 있는 사람이 있으면 나는 가까이 하지 않는 편이다. 틈만 나면 남을 욕하거나, 도박을 한다든가, 유흥업소에 자주 가고 음주가무를 권하는 사람이 있으면 자연스럽게 멀어진다. 술보다 사업 구상을 하는 게 더 재밌어서 그렇기도 하지만, 나쁜 기운을 가진 사람들이 주변에 있으면 내가 모르는 사이에 나쁜 습관이 스며들 수 있기 때문이다.

"그저 운이 좋았던 거 아냐"라는 소리를 들은 사람이 다음에 또 같은 소리를 듣는다면, 그것은 잘될 수밖에 없는 기세를 만드는 사람이라고 봐야 하지 않을까. 마치 네잎클로버를 유난히 잘 찾는 사람이 있는 것처럼 말이다.

몇 해 전에 나에게 어떤 분이 "플랫폼 사업을 하려고 하는데, 3,000만 원만 투자해 달라"라고 했다. 다른 회사에는 투자하지 않는다고 했더니 "너의 좋은 기운을 받아가고 싶어서" 그렇게 말했다고 했다. 그때는 회사가 매출 100억 원도 안 되는 상태였는데 열심히 하는 모습을 보고 좋은 기운을 느꼈다고 한다.

운을 불러일으키는 것도 사실은 실력이라고 생각한다. 좋은 사람들 옆에 있으면 운도 따라온다. 음주가무를 지나치게 즐기는 사람들 곁에 있으면 안 좋은 사건에 엮일 수도 있다. 그런데 일하는 사람들과 만나 일 얘기를 하면 돈이 생긴다. 그들이 좋은 사람이면 나에게 와서 좋은 이야기를 많이 해준다. 나도 좋은 기운을 가졌다면 시너지 효과는 더 커질 것이다.

거래처 사장님 중에 나를 만나면 비즈니스의 미래 방향성에 대해 조언을 아끼지 않는 분이 있다. "온라인 판매 꼭 해라"라든가 "유튜브 꼭 해야 된다"라는 조언을 해주곤 하셨다. 본인은 나이도 많고 규모가 안 되니까 못해도 "너는 해야 한다"라고 강조했다. 근래에는 "영상 하는 사람 안 필요하냐?"라고 물어보셨는데, 마침 월드메모리 브랜딩을 위해 영상 전문가가 필요했다. 그분이 추천해줘서 채용한 직원은 회사가 기부 활동을 많이 하는 걸 너무나 행복해하면서 지금도 잘 다니고 있다.

만약 내가 운이 좋은 사람이라면 그건 한 분야에서만 집중하기 때문일 것이다. 꾸준함이 운을 만들어가는 것 같다. 매출이 안 나올 때 수익 구조를 어떻게 바꿀지 생각하고, 내일 입찰 단 가는 얼마나 써야 할지, 낙찰이라면 어떤 방법으로 가져올지, 매 입한 물건은 어떻게 팔지, 퇴사한 직원 자리에는 누굴 앉혀야 할 지, 더 나은 방향으로 바꿀 건 없는지 끊임없이 고민한다. 가끔 나에게 "너는 대체 무슨 재미로 사냐?"라고 하는 사람들이 있는 데, 나는 그런 고민들이 재미있다.

한때는 큰 목소리에 좌중을 사로잡는 강력한 카리스마가 나 에게 없다고 생각해서 의기소침하던 때가 있었다. 그런데 지금 은 흔들리지 않는 중심을 잡고 일하는 것, 정체성을 헷갈리지 않 고 견고하게 붙잡고 나가는 것이 카리스마이고 기세라고 생각하 고 있다.

▨ 다시 새롭게 모든 것을 리사이클링한다

중소기업에서 유통은 누군가의 영업력에 의해 좌지우지된 다. 예전에는 하루에 전화 통화를 200통 이상 해야 회사가 돌아 갔다. 그런데 지금은 내가 며칠 자리를 비워도 회사는 돌아간다. 큰 건에 대한 방향만 잡아주면 흐름에는 지장이 없다. 우리보다 크고 체계가 잡힌 회사와 미팅을 하고 올 때면 자괴감이 들면서 "우리 회사도 시스템이 있으면 좋겠나"라는 말을 입에 달고 살았 는데, 이제 한 고개 정도는 넘어간 것 같다.

애사심을 가지고 나와 함께 해주고 있는 사람들이 모여서 미래를 꿈꿀 수 있었고, 지금의 월드와이드메모리를 만들었다고 생각한다. 생각해보면 나를 강하게 만든 건 항상 나를 믿어주는 가족과 함께해 주는 직원들이었다.

홍보를 꾸준히 하고 있지만, 아직도 쓰던 컴퓨터를 어떻게 해야 할지 몰라서 그냥 쓰레기장에 내다버리는 사람들이 많다. 나빠서라기보다는 몰라서 그러는 것이라 생각한다. 컴퓨터는 물론이고 앞으로는 다른 IT 기기들도 쉽게 매입이 가능한 시스템을 만들기 위해 앱(App) 개발에 박차를 가하고 있다. 고객들의 편의성 중대를 위한 조치다.

오케이몰이라는 온라인 명품 쇼핑몰이 있다. 이곳은 전신이 오케이아웃도어닷컴인데 아웃도어만 취급하던 곳에서 종합쇼핑몰로 발전한 곳이다. 리뉴올PC도 마찬가지로 중고 컴퓨터에서 매입이 확장되면 '리뉴올몰'로서 기능할 수 있다. 우리가 가지고 있던 정체성에 부합한다면 중고핸드폰, 중고프린터, 중고공기청정기, 중고온풍기, 중고제습기 등으로 카테고리를 확장할 수 있다.

관건은 대량 물량으로 확보가 가능한지의 여부다. 관공서나 학교에서 나오는 품목이 있다면 무조건 대상이 된다. 코로나19 시기에 방역 때문에 학교 교실마다 한 대씩 렌털됐던 공기청정기처럼 대량으로 나올 만한 물품은 모두 가능하다. 사무실에서도 10명이 모인다면 꼭 하나씩은 있을 법한 것들을 찾으면 된다.

"컴퓨터 가져가는 김에 이것도 가져가시면 안 돼요?" 하는 품목들이 늘어나고 있는 걸 보면 중고 시장의 확장성은 충분히 체감되고 있다.

📱 더 좋은 상품을 위해 기술력을 상승시키다

우리는 메인 사업인 컴퓨터에 대한 집중도 놓치지 않으려 한다. 그에 대한 노력의 일환으로 과학기술정보통신부에서 인정받아 연구개발전담부서를 두고 있다. 리뉴올PC의 불량률을 낮추기 위해서 연구하다 보니까 두 가지 특허 출원도 받을 수 있었다. 하나는 '열전 효과를 이용한 베이 내장형 전자기기 충전 및 살균 장치', 또 하나는 '열전 효과를 이용한 팬 구동 장치'다.

리뉴올PC 구매 후 AS 요청이 들어오는 것들 중 쿨러 시스템에 문제가 있거나 과열로 인해 컴퓨터가 자꾸 다운되는 경우가 있다. 그래서 컴퓨터 내 온도를 낮추는 냉각 시스템에 관심을 갖고 연구를 지속하다 보니까 특허 출원까지 가게 되었다. 이런 특허 기술로 내부열을 흡수하고 본체 내부의 평균온도를 낮춰 결과적으로 PC 각 부품의 성능을 향상시키는 효과를 볼 수 있다.

'열전 효과를 이용한 팬 구동 장치'는 열전 효과를 이용해 팬의 구동 속도를 제어함으로써 팬의 구동에 소요되는 전력의 낭비를 방지할 수 있는 장치나. 발열체와 집히도록 위치해 열전 효과로 전력을 생산할 수 있는 한 쌍의 전력 생산부가 있다. 팬의 구동 속도가 변하기 때문에 PC 내부 온도를 일정하게 유지할 수 있어서 과열 방지가 된다. 이것은 화재 위험 방지 차원에서도 유용하다. 이 장치는 전자기기의 소형화에 적합하도록 개발되었는데, 팬의 구동 제어에 대해 별도의 모듈이 없어도 되기 때문이다.

'열전 효과를 이용한 베이 내장형 전자기기 충전 및 살균 장치'는 PC 내부의 열전도를 이용해 에너지를 효율적으로 치환하는 과정에서 다른 전자기기를 충전하거나 PC 내부를 소독할 수 있게 하는 기술이다. 컴퓨터 안에서는 전기에너지에서 발생하는 열을 식히기 위해 팬이 여러 개 작동한다. 이러한 PC 내부의 열에너지를 흡수해 재생에너지로 활용할 수 있게 하는 기술을 개발한 것인데, 스마트폰 충전도 가능할 만큼의 전기를 출력해낼 수 있다. 또 열에너지를 이용해서 전자 살균도 같이 할 수 있다. 최근 CD드라이브의 사용 빈도수가 낮은데 이 공간에 CD롬 방식으로 이 장치를 장착하면 디스플레이가 탑재돼 있어 스마트폰 무선충전 중에 전화나 문자의 수신 여부를 확인할 수 있다.

중소기업은 대표가 어떤 결정을 하느냐에 따라 모습이 확연히 달라질 수 있다. 앞으로도 꾸준함을 무기로 도시 속에서 광산을 캐듯이 자원의 재활용이 원활하게 이뤄질 수 있도록 직원들과 함께 컴퓨터를 캐고 또 다른 자원을 캐러 다니려고 한다. 끊임없이 생각하고 변화하기 위한 노력을 계속해나가면 성과를 만들 수 있다는 것을 우리는 경험을 통해 믿고 있다.

나눔을 통해
함께하는
성장을 꿈꾼다

월드와이드메모리는 한국IT복지진흥원 같은 사회적 기업을 통해서 기부 활동을 해왔다. '사랑의PC보내기' 운동에 참여해 재한몽골학교, 어린이재단 등에 PC 나눔을 해왔다. 거창하게 기부의 선한 영향력을 논하지 않아도 이웃과 상생하기 위한 노력은 오히려 우리의 마음을 따뜻하게 해준다.

장애인보호센터는 거래하던 은행에서 봉사활동을 하는 곳이었는데, 컴퓨터를 기부해줄 수 있는지 요청이 와서 갔던 곳이다. 기부를 위해서 방문했을 때 너무 좋아서 폴짝폴짝 뛰는 모습을 보면서 우리가 더 좋았다. 이곳은 학교를 다니기 힘든 중증 장애인들이 다양한 활동을 하면서 배우는 곳이었는데, 컴퓨터실은 만들어놓았지만 컴퓨터가 없어서 관련 활동을 못하고 있었다. 우리에게 대접을 해주고 싶다고 떡국을 끓여주셨는데 홍보팀 직원 3명이 뭉클한 기분을 느끼며 맛있게 먹었다고 한다.

재한몽골학교는 컴퓨터가 없어서 IT 교육을 적용해보지도 못하고 있어서 도움이 필요했다. 외국인학교 하면 보통은 시설이 잘돼 있는 곳을 연상하는데, 각각의 경제적 재량에 따라 사정은 다를 수 있다. 한국 땅에서 살고 있는 이들이 IT 교육에 뒤처지면 진짜 소외계층이 될 수 있을 것이고, 기부는 의미 있는 일이었다고 생각한다.

회사 규모가 커지고 리뉴올PC라는 브랜드가 알려지면서부터는 독자적으로 기부 활동을 할 기회가 늘어나고 있다. 하루는 광주 교도소에서 손편지 3장을 받은 적이 있다. 형편이 좋지 않은 와중에 할머니께서 아이 둘을 키워주고 계신데 아이들에게 노트북이 필요하다는 내용이었다. 염치없지만 도움을 구해본다는 내용을 보고 적혀 있는 할머니 전화번호로 확인해 보았다. 사실을 확인하고 노트북을 보내주었는데, 할머니께서 잘 받았다며 손수 전화하셔서 아이들 공부하는 데 도움이 많이 되고 있다고 고마워하셨다.

열여덟 살이 되면 고아원에서 퇴원해서 홀로서기를 해야 하는 학생들을 후원한 적도 있다. 학생들이 자립해서 생활하는 데 컴퓨터는 기본이기 때문에 퇴소하는 두 명의 학생에게 컴퓨터 두 대와 주변기기 세트를 기부했다. 학생들에게 잘 전달되어 사용하고 있다는 연락을 받았다.

KBS 〈동행〉이라는 프로그램을 통해서 컴퓨터 기부를 요청

받았을 때는 강원도까지 컴퓨터 세트를 가지고 갔다. 학령기인 4명의 형제를 위해서 직접 세팅을 해주고 왔는데, 아이들이 너무 즐거워해서 기부하는 마음까지 따뜻해졌다.

영등포 쪽방촌 취약계층을 위한 연탄기부 봉사활동에도 참여한 적이 있다. 1,000만 원 상당의 연탄 3,000장과 등유를 기부했다. 추운 겨울에 연탄을 직접 나르는 나눔활동을 하며 직원 모두 힘들었지만, "덕분에 따뜻한 겨울을 날 수 있겠다"라며 활짝 웃는 주민들을 보니 행복한 웃음이 절로 나왔다.

📟 좋은 환경을 다음 세대에, 이웃과 함께

우리 회사는 개인, 기업, 관공서 입찰 등 여러 루트에서 매입 서비스를 하고 부품 테스트와 정리를 거쳐 온오프라인 판매와 수출까지 중고 컴퓨터와 관련한 모든 단계의 업무를 다 하고 있다. 한쪽 영역에서만 일을 하다가 전문성을 확장하려면 사람을 더 충원하고 팀을 꾸려야 하기 때문에 이게 쉬운 일은 아니었다. 그만큼 인프라도 갖추고 정보를 수시로 얻어야 한다.

조직을 정비하고 자동화 시스템을 갖추려는 노력을 기울이다 보니 2019년에는 기술보증기금이 확인해 주는 벤처기업이 되었고, 2020년에는 고용노동부가 선정하는 강소기업이 되었다. 2015년 ISO 9001 품질경영 시스템 인증과 ISO 14001 환경경영 시스템 인증을 획득한 데 이어 2019, 2020년에는 우수

기술기업 인증서를 받았다. 리뉴올PC의 브랜딩이 성공한 후에는 2019, 2020년 한경비즈니스가 선정한 한국소비자 만족지수 1위, 2020년 품질만족도 1위가 되기도 했다. 가족친화기업, 청년친화 강소기업, 경영혁신형 중소기업, 일자리 으뜸기업 등의 타이틀도 얻었다.

이런 발전의 근간에는 '노다지 광산'이 있다. 뭐든지 신속하고 정확하게 처리하는 '빨리빨리'의 민족인 한국인은 일처리뿐 아니라 IT 기기 등 신제품을 채택하는 속도가 빠르고 교체하는 주기도 빠르다. 그렇다 보니 우리가 사는 도시에는 관련 중고 제품이 무수하게 쏟아진다. 월드메모리 입장에서는 이런 제품들이 바로 노다지고, 한국 사회는 거대한 노다지 광산이다.

팬데믹은 분명 위기 상황이지만 우리에게 기회가 되었다. 온라인 수업과 재택근무가 늘어나면서 컴퓨터, 노트북, 스마트기기 등의 수요가 늘어났고, 덩달아 중고 컴퓨터에 대한 인식도 편견에서 벗어나게 되었다. 한번 써본 소비자들이 이제 체험을 통해 중고 컴퓨터가 쓸 만하다는 인식을 갖게 된 것이다. 리뉴올PC의 온라인 매출이 증가했고 이마트에 입점했던 오프라인 매장도 성공이었다. 모두가 새로운 비즈니스 모델에 대해 끊임없이 생각하며 실행했던 결과라고 생각한다.

그런데 중고 컴퓨터나 IT 기기를 어떻게 처분해야 할지 아직도 잘 모르는 분들이 많다. 그냥 분리수거장에 버린다는 사람들도 많다. 좋은 환경을 다음 세대에 물려주겠다는 염원 때문에라도 월드메모리 매입 플랫폼은 더욱 활성화돼야 한다. 중고 컴퓨터를 쓰레기로 만들어 우리가 사는 지구를 쓰레기장으로 만들수는 없다. 기업체 대량 매입도 물론 많아야겠지만 친환경 차원에서라도 일반인들에게 월드메모리가 많이 알려졌으면 좋겠다.

▣ 내 컴퓨터를 팔면 기부가 되는 '기부트리'

우리 회사는 6월 5일 환경의 날에 이벤트를 하는 경우가 많다. 버려지는 컴퓨터 부품들을 리사이클하는 캠페인에 앞장서기 위해서다. 1997년에 1년간 버려진 컴퓨터의 양은 1만 대 정도였는데, 2016년에는 버려진 컴퓨터의 양이 400만 대로 늘었다는 통계가 있다. 20년 만에 약 400배가 증가한 것이다. 만약 리사이클 시장이 생겨나지 않았고 이것들이 모두 버려진다고 생각해보자. 세상은 과연 어떻게 될까? 쓰레기로 가득찬 지구에서 인류는 지속 가능한 생존이 어려워질 것이다.

북태평양 하와이와 미국 캘리포니아 주 사이에는 GPGP라는 이름의 섬이 있다. 그 면적은 한반도의 7배에 달하는데, 거대한 쓰레기섬(Great Pacific Garbage Patch)이다. 바람과 해류의 영향으로 북미, 중남미, 아시아에서 버려진 쓰레기들이 흘러들어와 모여서 섬을 이룬 것이다. 태평양에는 이곳 말고도 4군데의 쓰레기 섬이 더 있다고 한다.

우리 회사는 친환경 기업으로서 자부심과 함께 책임감도 느끼고 있다. '도시 광산화'라는 말이 있다. 땅이나 산을 파서 광물을 캐내야 그곳이 광산인데, 도시가 곧 광산이 될 수 있다는 뜻이다. 가정이나 기업에서 쓰는 컴퓨터들을 수거해서 분해하면 그것이 원재료가 되고 새로운 제품으로 재제조할 수 있다는 측면에서 쓰는 말이다.

도시 광산화 산업이 없다면 컴퓨터를 포함해서 전자 제품들은 모두 땅속에 묻거나 불태워야 할 것이다. 컴퓨터 산업이 사양 산업이라고 말하는 사람도 있지만, 그만큼 컴퓨터가 보편화되어 있어 결과적으로 사용대수는 더 늘었다. 리사이클이 없다면 사람에게도 자연에도 부담은 엄청날 것이다.

우리 회사에서 하는 기부사업은 친환경 측면에서도 의미가 있지만, 나누면서 더불어 함께 사는 사회를 만들기 위한 공헌의 의미가 크다. IT정보에 취약한 계층에 IT 기기를 나누어 정보화 시대에 뒤처지지 않을 수 있도록 꾸준히 돕고자 한다. 더불어 이런 나눔을 확장해 소비자들도 기부에 참여할 수 있도록 하는 시스템(가칭 '기부트리')을 개발할 계획이다.

지금도 기업에서 대량 매입 물건이 있을 때 그중 일부를 기부해 달라고 의뢰하면 그 기업의 이름으로 기부를 실천하는 것이 가능하다. 마찬가지로 일반 소비자가 중고 컴퓨터를 팔면서 소외계층의 기부를 원하면 실현시켜주는 것이다. 기부금을 내는 대신에 중고 컴퓨터를 매입한 금액만큼 기부를 적립하는 것이 가능하다.

회사 초창기에는 주변을 돌아보는 것보다 회사를 성장시키기에 급급했지만, 지금은 작게나마 사회에 공헌할 수 있는 착한 기업으로 성장하기를 바란다. 소외받는 이웃들을 한 번 더 돌아보고 행복한 사회가 되는 데 조금이라도 보탬이 되는 회사가 되고자 한다.

북큐레이션 • 원하는 곳에서 꿈꾸고, 가슴 뛰는 삶을 살고픈 이들을 위한 책

《도시 광산에서 컴퓨터를 캡니다》와 함께 읽으면 좋은 책. 남보다 앞서 꾸준함을 가지고 미래를 준비하는 사람이 주인공이 됩니다.

2050 ESG 혁명

김기현 외 9명 지음 | 23,000원

글로벌 패러다임의 시작점,
'ESG 경영'을 위한 원스톱 종합서

기후 변화로 위협받는 생태계를 지키고, 온실가스와 탄소 배출량을 줄여 환경을 지키는 것 그리고 기업이 사회에 미치는 영향력과 올바른 기업 운영의 방향성 등을 포괄하고 있는 경영 체제 'ESG'. 이 패러다임이야말로 우리 삶과 가치를 모두 뒤바꿀 새로운 생존 전략이 될 것이다. 그렇다면 우리는 ESG를 어떻게 적용해야 할까? 기후 위기를 대비할 혜안, 친환경 산업을 위한 준비와 사례, 인적자원 관리와 조직문화에 대한 방향성과 ESG 평가 준비, 투자 관점을 담았다. 새로운 자본주의 시대의 생존법을 찾고자 한다면 이 책이 그 길을 알려줄 것이다.

300% 강한 영업

황창환 지음 | 14,000원

내 기업의 강점은 살리고 매출을 올리고 싶은가?
강한 기업을 만드는 강한 경영자가 되는 비밀을 담았다!

3년 적자 기업을 신규 고객 창출로 흑자 전환한 경험, 2년 만에 40개가 넘는 신규 지점을 개설한 경험, 폐점 직전이었던 매장의 영업 실적을 50% 이상 증대시킨 경험, 정체되어 있던 매출을 두 자릿수로 성장시킨 경험 등 저자의 실제 영업 성공 사례와 생생한 노하우를 한 권에 담아냈다! 언제 어디서나 기업에 혁신을 일으킬 수 있는 영업 비법을 손에 쥐고 싶은가? 시대와 시장의 흐름에 영향받지 않는 지속적인 매출과 경영 성과를 얻고 싶은가? 그렇다면 지금 당장 강한 기업이 되기 위한 첫 번째 관문, 바로 '강한 영업'을 시작하라!

애프터 코로나 비즈니스 4.0

선원규 지음 | 18,000원

**강력한 생태계를 만들어가는 플랫폼 사이에서
생존하는 콘텐츠를 발견하라!**

앞으로의 미래 시장에서 살아남으려면 플랫폼과 콘텐츠 중에서 어떤 것에 중점을 두어야 할까? 이 책은 이 문제에 대해 해결점을 찾아갈 수 있도록 플랫폼과 콘텐츠를 자세히 다루고 있다. 현 사회와 플랫폼과 콘텐츠의 상관관계를 이야기하며 플랫폼과 콘텐츠 사업모델의 다양한 종류를 소개한다. 또한 어떻게 해야 강력한 플랫폼과 콘텐츠를 만들 수 있을지 그 전략을 설명하며 앞으로의 미래 시장의 전망을 다루고 있다. 이 책을 통해 수많은 콘텐츠가 유입되는 사랑받는 플랫폼, 플랫폼의 러브콜을 받는 콘텐츠를 개발할 수 있을 것이다.

**플랫폼과 콘텐츠의
관계 분석**

사장 교과서

주상용 지음 | 14,500원

**사장, 배운 적 있나요?
경영 멘토가 들려주는 사장의 고민에 대한 명쾌한 해법**

중소기업이 시장에서 살아남아 강소기업으로 성장할 수 있는 비결은 어디에 있을까? 대기업과 달리 중소기업의 사장은 대체할 수 없는 리더십이다. 따라서 조직의 성과를 높이고 효율을 증진시키기 위해서는 누구보다 먼저 사장 자신의 효율성이 높아져야 한다. 이 책에서는 기업 CEO들의 생각 친구, 경영 멘토인 저자가 기업을 성장시키는 사장들의 비밀을 알려준다. 창업 후 자신의 한계에 부딪혀 성장통을 겪고 있는 사장, 사람 관리에 실패해 재도약을 준비하고 있는 사장, 위기 앞에서 포기하기 직전에 있는 사장, 향후 일 잘하는 사장이 되려고 준비 중인 예비 사장들에게 큰 도움이 될 것이다.

**사장이 알아야 할
기본 개념 40가지**